성명학 (姓名學)

내 손으로 이름 짓기

차례

Contents

이름의 의미

이름과 인생

어떤 사물이건 자신을 나타내는 이름이 있다. 하늘, 땅, 바다, 구름……. 이름에는 각각 의미가 존재하고 그런 이름을 가지게 된 배경과 이유가 있다. 즉, 어떤 이름이건 아무런 이유 없이 주어지는 호칭이 아니라 그 사물에 어울리는 배경이나 유래가 존재한다는 것이다. 사물이 그렇다면 사람은 당연히 그 이름을 지을 때에 더욱 강한 의미와 개성이 깃들여야 한다.

꽃도 그 종류에 따라 각각 이름이 다르다. 백일홍, 천일홍처럼 꽃이 피는 시기에 따라 구별하는 이름도 있고, 백합, 모란처럼 생김새나 색깔에 따라 구별하는 이름도 있다. 동물이나 곤충 역시 마찬가지다. 하물며 사람은 어떨까?

문화가 발달하면서 사람의 이름은 매우 중요한 의미를 가지게 되었다. 동서양을 막론하고 이름은 가문, 본인의 개성, 계급 등을 나타낸다. 특히, 동양에서는 한 사람의 이름이라도 나이에 따라 다양하게 구분하여 인간으로서의 존엄성을 극명하게 나타냈다.

어린 시절에는 아명(兒名)을 사용했다. 아명은 유명(乳名. 幼名)이라고도 표현했는데 어린 시절에만 사용했고, 어른이 되어 관례(冠禮)를 치르면 관명(冠名)이라는 이름을 사용했다. 한편, 관명이 함부로 불려 가치가 떨어지는 것을 막기 위해 자(字)를 이용했다. 또, 자 이외에 허물없이 부를 수 있도록 호(號)도 이용했다. 호는 시문(詩文) 또는 서화(書畵)의 작가들이 사용하는 아호(雅號), 가문을 나타내는 의미에서의 당호(堂號)를 비롯하여 별호(別號), 시호(諡號) 등을 다양하게 이용했다. 본인이 직접 짓기도 했고 스승이나 윗사람이 지어 주기도 했다.

또, 세상을 떠난 이후에는 휘(諱)나 시(諡)라 하여 사망한 이후에 부르는 이름이 따로 존재했다. 이 밖에도 이름의 종류는 예명(藝名), 필명(筆名), 기명(妓名), 법명(法名), 승명(僧名), 본명(本名), 세례명(洗禮名) 등 직업이나 사회적 지위에 따라

그야말로 다양하다. 한 사람의 이름만 간단히 헤아려 보아도 아호, 관명, 자, 호, 휘, 등 무려 다섯 종류 이상의 이름이 사용되었던 것이다.

이처럼 우리 조상이 이름에 강한 애착을 보인 이유는 이름 자체가 그 사람을 대변하는 또 다른 분신이라고 생각했기 때문이다. 이처럼 이름은 개인을 나타내는 매우 중요한 특징과 의미를 갖추고 있다. 이름을 함부로 지어서는 안 되는 이유는 바로 여기에 있다.

예를 들어, 이름을 신자(信慈)라고 지었다고 하자. 한자의 뜻풀이로는 자비로움과 믿음이 강하게 깃들여 있는 썩 괜찮은 이름처럼 느껴진다. 한글 발음으로 들어보더라도 '신자'라는 구성은 오행으로 볼 때 나쁘지 않다. 그런데 성이 '배'씨라면? 아무리 이름 자체가 좋다고 해도 성과 조화를 이루지 못하면 그 이름은 이상한 상상을 떠올리게 하여 천박한 느낌이 든다.

이런 식으로 듣기에 거북하고 부르기에 주저되는 이름은 분명히 잘못 지은 것이다. 예전에는 이런 이름들이 많았다. 이른바 계급사회였던 조선시대까지는 양반이 아니면 이름에 특별한 의미를 두지 않고 태어난 환경이나 생김새를 바탕으로 부르기 좋은 이름을 지어 붙였다. 이것은 이름이라기보다 명칭이라고 표현해야 좋을 것이다. 즉, 이름을 함부로 짓는다는

5

것은 그 사람을 사물처럼 천하게 본다는 것과 같다. 단, 기본을 지켜야 한다는 의미일 뿐, 다양하게 존재하는 복잡한 이론을 모두 적용해서 지어야만 좋은 이름이 된다는 말은 아니다.

부모의 사랑이 듬뿍 담겨 있고 부르기 좋으며, 들었을 때 이상한 연상이 떠오르지 않는다면 기본적으로 좋은 이름이다. 여기에, 한글 구성 원칙에 따른 음양오행과 의미, 한자의 음양오행과 의미를 첨가한다면 더욱 좋은 이름을 만들 수 있다. 이것은 크게 어렵지 않은 일이다. 다만, 보다 확실한 의미를 부여하고 싶다면 전문적인 분석이 필요한데 이럴 경우에 활용하는 것이 사주다. 즉, 사주를 바탕으로 부족한 음양오행을 충족시키면서 한글과 한자의 음양오행과 의미를 첨가하고 부모의 사랑을 담아 부르기 좋은 이름을 짓는다면 그것으로 이름은 충분히 가치를 가진다.

전문가의 영역인 작명에는 다양한 종류가 존재하지만 사실 기본적인 사항들만 지킨다면 그런 복잡한 논리는 필요 없다. 특히 '영동수리 81수'라는 작명방식은 일본인이 일본인을 위해 만들어 낸 터무니없는 이론으로 이런 방식을 이용하면 오히려 이름에 나쁜 의미를 첨가하게 되는 경우도 있다.

이름은 그 사람을 나타내는 분신이다. 그런 만큼 신경을 써서 지어야 하지만 지나치게 이런저런 논리에 얽매여 꿰맞추다 보면 오히려 바람직하지 못한 결과를 낳을 수 있다는 사실을 잊지 말아야 한다.

성명학이란

성명학은 이름을 지을 때에, 가능하면 부르기 좋고 듣기 좋으며 부모의 바람을 담을 수 있는 의미를 갖춘 글자를 적용하는 방법을 찾는 학문이다. 좀 더 깊이 들어간다면 태어난 시기의 생년월일시(즉, 사주)를 바탕으로 동양사상의 음양오행으로 살펴볼 때 부족한 부분이 있을 경우 그 부분을 보완해 줄 수 있다면 더욱 좋은 이름이 될 수 있다.

예를 들어, 사주에 음기가 강한 경우에는 이름에 양기를 보완하여 조화를 이루게 하고, 오행상 어느 한 가지가 부족한 경우에는 부족한 오행을 보완하여 조화를 이루게 하는 것이다. 또는, 한쪽으로만 강하게 치우쳐 있는 경우에는 오히려 그쪽으로 몰아서 운을 더욱 강하게 만들기도 한다.

여기에, 한자건 한글이건 이름 자체의 의미를 강조하여 그 사람을 하나의 단어로 나타낼 수 있는 좋은 구성을 이루고 있다면 더할 나위 없는 좋은 이름이 된다. 이 방법을 연구한 것이 성명학이다.

하지만 아무리 뜻이 좋고 사주에 걸맞은 이름이라고 해도 듣기에 거북하지 말아야 하며 지나치게 어려운 한자를 이용하여 쓸 때에 무리가 있어서는 안 된다. 이름은 위엄도 중요하지만 친근감도 중요하다.

계급사회에서는 이름에서 위엄을 매우 중시했다. 이름에 위엄이 없으면 천박한 느낌이 들기 때문이다. 하지만 지금은 민주사회다. 민주사회에서 이름은 위엄보다는 친근감이 더 중요하다. 연예인들이 예명을 사용할 때에는 친근감과 함께 기억하기 쉽고 인식하기 쉬운 이름을 사용한다. 연예인의 이름에 위엄은 필요 없다. 인기가 생명이기 때문이다.

단, 동양철학을 논할 때 사주가 선천적인 운을 담당한다고 하면 관상이나 수상은 선천적인 운과 노력을 나타내고, 성명학은 후천적인 운을 나타낸다고 이해해야 한다. 즉, 성명학은 선천운을 바탕으로 그에 맞추어 발전한 것이기 때문에 이름 하나만을 놓고 그 사람의 운명을 결정할 수는 없다는 의미다. 이것은 곧, 지나친 맹신을 하지 말라는 뜻이다. 이름에 지나치게 집착하여 특별히 문제도 없는데 마음에 들지 않는다고 개명을 신청하는 사람들이 적지 않다. 대부분의 경우, 이른바 작명가의 말을 듣고 무조건 나쁘다고 생각하여 바꾸려 하는데, 이런 행동은 사회적으로도 본인 자신에게도 큰 문제가 아닐 수 없다.

정말 듣기 거북하고 문제가 있는 이름이 아닌 경우라면 굳이 개명을 할 것이 아니라 본인에게 무슨 문제가 있는지 그 부분부터 개선하는 노력을 기울여야 한다. 이름이 후천운인 이상, 운은 노력을 통해서 얼마든지 개선할 수 있기 때문이다. 다만, 사람들이 노력보다는 운에 의존하려 하기 때문에 이름에 지나치게 집착하는 것이다.

운명은 누구나 바꿀 수 있다. 운명을 바꾼다는 것은 본인을 바꾼다는 의미이고, 그것은 본인 이외에 누구도 도와줄 수 없는 부분이다. 본인이 바뀌기 위해 노력하지 않으면서 어떻게 운이 나아지기를 기대할 수 있을까?

성명학은 가능하면 부르기 좋고 듣기 좋으며 조화를 잘 이룬 이름을 짓기 위해 존재하는 학문이다. 이른바 무속신앙처럼 이름을 바꾼다고 해서 운명 전체가 바뀌는 것처럼 생각하는 맹신은 버려야 한다.

작명가를 찾아갔을 때, 이름이 무조건 나쁘다면서 바꾸라고 권하는 사람이 있다면 다른 작명가를 찾아가 보는 것이 좋다. 성명학을 철학으로 공부한 사람, 즉 다양한 동양철학을 섭렵한 작명가라면 이름을 바꾸기 전에 본인이 무엇을 노력해야 하는지부터 권할 것이다. 그리고 제대로 공부한 작명가는 객관적으로 보았을 때 크게 문제가 없는 이름이라면 절대로 바꾸라고 권하지 않는다. 부모의 사랑이 담긴 이름만큼 좋은 이름은 없기 때문이다.

이름의 조건

좋은 이름이란?

좋은 이름이란 어떤 이름을 가리키는 것일까? 이런저런 복잡한 이론을 앞세워 꿰맞추고 틀을 이루어 낸 이름이어야 좋은 이름일까?

좋은 이름의 첫 번째 조건은 사랑이 담겨야 한다는 것이다. 이름은 부모님이 지어 주는 것이기 때문이다. 아무리 법칙과 이론에 맞도록 잘 지어낸 이름이라고 해도 그 이름을 짓기 위해 며칠 동안 고민하고 수정하면서 행복과 즐거움을 담아 사랑으로 지어 준 이름에는 미치지 못한다. 설사 작명가가 지었다고 해도 부모님이 사랑을 바탕으로 의뢰한 이름이어야 하고, 부모님이 계시지 않는 경우에는 본인이나(개명의 경우) 본인을 사랑하는 사람의 사랑이 듬뿍 담겨 있는 이름이어야 한다. 이름은 그 사람의 내면세계도 잘 이해하는 사람이 지어야 하기 때문이다.

두 번째 조건은 부르기 좋고 듣기 좋아야 한다는 것이다. 한자의 의미, 음양오행, 수리 등이 아무리 좋다고 해도 부르기에 거북하고 듣기에 거슬린다면 그것은 결코 좋은 이름이 아니다. 예를 들어, 김개동, 박아지 등의 이름이 편하게 들릴 수는 없다. 이름은 그 사람을 대변하는 만큼 품위가 있어야 한다.

이름은 그 사람의 행동을 규제하는 부분이 분명히 존재한다. 상대방이 이름을 부를 때 놀림감이라는 의식을 가지고 부를 경우, 본인은 그것이 콤플렉스로 작용하게 되고 스스로를 비하하는 결과를 낳는다. 또는, 주변 사람들과 함께 정을 나누며 살아가야 하는 인성을 갖추는 대신, 사람들을 기피하고 적대감을 느끼는 편견에 빠지기 쉽다. 그렇기 때문에 이름은 부르기 좋고 듣기 좋으며 품위를 갖추고 있어야 한다.

이 두 가지 조건을 갖추었다면 기본적으로 좋은 이름이다. 흔히 작명가라는 사람들이 마치 이름을 잘못 지으면 큰일이라도 날 것처럼 너스레를 떨면서 개명해야 한다고 부추기는 모습을 볼 수 있는데, 그런 작명가에게는 절대로 이름을 맡기지 말아야 한다. 나아가, 이름이 나쁘면 객사한다거나 단명한다는 식으로 터무니없는 겁을 주어 작명을 권하는 사람들도 있는데 있을 수 없는 일이다.

앞에서 소개한 김개동이나 박아지 같은 이름이라면 개명을 권하는 것이 마땅하다. 이것은 일반인이 보더라도 당연히 개명을 생각할 수 있는 부분이다. 그러나 이런저런 복잡한 이유를 들면서 개명을 권한다면 그것은 단순히 수입을 얻기 위한 작명가의 수단에 지나지 않는다. 그런 작명가들은 대부분 동양철학 전반은커녕 이른바 학원 같은 곳에서 두세 달 동안 배운 얄팍한 작명이론을 갖추고 있을 뿐인 경우가 많다. 이름이 그렇게 중요한 것이라면 개명 역시 정말 신중하게 선택하도록 권해야 맞지 않겠는가? 그런 터무니없는 개명 권유에는 귀도 기울이지 말자.

갓 태어난 아이의 이름인 경우에는 이왕이면 좋은 이름을 지어주어야 하니까 작명가와 상담하는 것이 바람직하겠지만, 개명은 아무리 유명한 작명가가 권하더라도 신중하게 선택해야 한다.

좋은 이름과 조건들

좋은 이름의 조건에 관해서 간단히 설명했다. 이번에는 예를 들면서 좀 더 자세히 설명해 보기로 하자.

부모님의 사랑이 담긴 이름

이 부분은 이론적 조건이 아니기 때문에 굳이 설명할 필요가 없을 것이다. 설사 부모님이 계시지 않는다고 해도 본인을 사랑하고 아껴 주는 사람이 지어 줄 테니까 그 역시 사랑이 담긴 이름일 수밖에 없다. 단, 개명인 경우에는 본인이 선택하는 경우가 많다. 그럴 때에는 무엇보다 본인을 대변할 수 있고 본인의 마음에 드는 이름을 선택하는 것이 가장 중요한 조건이다.

따라서 작명가에게 부탁하는 경우라면 미리 마음에 드는 이름을 몇 가지 준비해서 상담하는 것이 바람직하다.

부르기 좋은 이름

부르기 좋은 이름이라고 하면 너무 막연해서 이해하기 어렵다는 사람들이 있다. 하지만 이건 어려운 일이 아니다. 말 그대로 부르기 편하고 발음이 어렵지 않으면 되는 것이다. 예를 들어 보자.

- 박옥혁(朴玉爀): 밝게 빛나는 구슬 같다는 의미.
- 윤훤복(尹萱馥): 원추리의 향기가 풍기듯 널리 이름을 떨친다는 의미.
- 국택륭(鞠澤隆): 높은 연못처럼 항상 물이 마르지 않는 다는 의미.

한자의 의미는 모두 나쁘지 않다. 하지만 이름을 부르려면 혀가 꼬이는 듯한 느낌이 든다. 즉, 발음이 편하지 않은 것이다. 이런 이름이 부르기 어려운 이름에 해당한다. 아무리 그 뜻이 좋다고 해도 부르기 거북해서는 좋은 이름이라고 말하기 어렵다. 따라서 이름을 지을 때에는 부르기 편한 발음을 생각해야 한다. 이 부분의 이론이 되는 것이 한글의 발음오행이다.

듣기 좋은 이름

듣기 좋은 이름이란 그 이름을 들었을 때 묘한 상상이나 연상이 떠오르지 않는 이름이다. 이름을 들었는데 짐승이 떠오른다거나 욕설, 성적인 내용, 천박한 이미지 등이 떠오른다면 그 사람의 이미지에도 큰 영향을 끼칠 수 있고 사람이 가벼워 보일 수 있다. 예를 들면 다음과 같은 이름들이다.

- 조부종(趙孚宗): 가문의 믿음직한 장자라는 의미.

- 나세균(羅世筠): 대나무의 푸른 껍질처럼 늘 밝고 건강한 모습을 세상에 나아가라는 의미.
- 성조아(成照娥): 세상을 밝게 비추는 아름다운 여인으로 자라라는 의미.

역시 의미는 모두 나쁘지 않다. 하지만 '조부종'이라는 이름은 '부종'이라는 이름이 질병을 의미한다. 또, '나세균'이라는 이름은 누가 듣더라도 거북하기 짝이 없다. '성조아'라는 이름 역시 마치 '섹스가 좋다'는 식으로 들린다.

이처럼 이름을 들었을 때, 이상한 상상이나 연상이 떠오른다면 그 이름은 천박한 이름일 수밖에 없다. 평범함이 가장 무난하다는 말이 있듯 평범한 범위를 지나치게 벗어난 이름은 결코 좋은 이름이 아니다.

품위 있는 이름

이름에 품위가 있어야 한다는 말을 한마디로 말하면 천박하지 말아야 한다는 뜻이다.

앞에서도 소개했지만 몇 가지 예를 들어 보자.

- 김개동(金開東): 동쪽을 연다는 뜻으로, 세상을 여는 사람이라는 의미.

- 박아지(朴雅智): 지혜를 갖춘 우아한 사람으로 자라라는
  의미.
- 임신중(任信重): 신뢰를 바탕으로 큰 성공을 이루라는
  의미.

뜻은 좋다. 하지만 역시 듣는 순간 웃음이 터져 나오는 이
름들이다. '개똥' '바가지' '임신' 등의 연상이 떠오르지 않는
가. 이런 이름은 천박함을 감출 수 없기 때문에 그 영향으로
인하여 자신감을 잃거나 스스로를 비하하는 성격, 또는 사람
들을 기피하는 성향을 띠게 될 가능성이 높다. 그 때문에 이름
은 품위를 갖추어야 한다. 품위 있는 이름은 결국 듣기 좋은
이름이다.

편하고 쉬운 이름

기억하기 좋은 이름이란 지나치게 복잡하거나 어렵지 않은
이름을 말한다. 즉, 쉽고 편한 이름이어야 한다는 의미다.

- 강예홍(姜霓霿)
- 권숙태(權鸘邰)
- 남국형(南鞠瀅)

이 이름들은 흔히 보기 어려운 한자들로 구성되어 있다. 약간만 흘려서 쓸 경우, 무슨 글자인지 알아보기조차 어렵다. 요즘에는 인명용 한자가 있기 때문에 어려운 한자는 거의 사용하지 않지만 과거에는 이런 식으로 매우 어려운 한자를 사용하여 이름을 짓는 경우가 많았다. 어려운 한자를 사용하면 품위가 있다고 생각한 듯하다. 하지만 이름은 기억하기 좋고 편해야 한다. 이런 이름은 마치 한자 검정시험을 보는 듯한 착각에 빠지게 한다. 따라서 이 이름을 사용하는 사람에 대한 이미지가 좋게 남을 수 없다.

이름은 편하고 기억하기 쉬워야 부담 없이 만날 수 있는 사람으로 이미지가 남을 수 있다. 아무리 뜻이 좋다고 해도 어려운 한자는 가능하면 피하는 것이 바람직하다.

나쁜 이름이란?

이제 나쁜 이름을 정리해 보면 다음과 같다.

- 발음이 어렵다.
- 듣기 거북하다.
- 천박한 느낌이 든다.
- 한자가 매우 어렵다.

• 이름의 뜻을 이해하기 어렵다.

그리고 여기에 작명을 더하는 경우에는 사주와 조화, 음양 오행의 배치 등을 생각할 수 있다. 이른바 좋은 이름에 해당하는 조건만 갖춘다면 적어도 나쁜 이름은 짓지 않을 수 있다. 이론을 첨가한 해석은 그 이후의 문제다. 작명 이론은 갖추어도 되고 갖추지 않아도 된다. 그것이 인생을 좌우할 정도의 가치가 있는 것은 아니며 작명가들의 이론도 제각각이기 때문이다.

다른 관점으로 생각한다면, 본인이 자부심을 느끼는 이름은 당연히 빛이 난다는 점을 잊지 말자. 이것은 얼굴과도 비슷한 문제다. 부모님에게 물려받은 얼굴을 창피하고 쑥스럽게 생각한다면, 즉 자신감이 없다면 성형수술을 통해서 얼굴을 바꾼다고 해도 결국 그 사람의 마음은 부모에 대한 원망으로 가득찰 수밖에 없다. 설사 마음에 들지 않아 성형수술을 한다고 해도 부모님에 대한 고마움과 강한 자부심을 가질 수 있어야 인생을 행복하게 이끌어갈 수 있다. 본인을 부끄럽게 생각하는 사람은 다른 사람도 부끄럽게 만든다는 사실을 잊지 말자.

한글 이름, 한자 이름

한글 이름

요즘에는 한글로 이름을 짓는 사람들이 많다. 아름다운 우리의 한글을 사용하여 이름을 지으면 의미를 이해하기도 쉽고 정감도 느껴진다.

한빛, 빛나, 우리, 나라, 슬기, 여름, 가을, 봄이, 한별, 한솔, 하니, 한이, 다솜, 누리, 별이, 다슬, 그림, 봄내, 수림, 한결, 다미, 다솔, 모아, 초롱, 푸름, 다빛, 예슬, 보람 등 예쁜 이름을 비롯하여 바울이나 마리아처럼 종교적인 성격을 나타내는 아름다운 이름도 포함하여 기발하고 독창적인 이름이 많이 있다.

그런데 한글 이름에서 아쉬운 점은 작명의 한계가 있다는 것이다. 아름답고 예쁜 이름을 짓다 보면 그 수가 한정되어 독특한 개성을 나타내기 어렵다. 물론, 한자 이름도 마찬가지지만 동음의 한자가 많기 때문에 문서로 나타내면 다양한 변화를 보인다. 그러나 한글 이름은 소리 자체를 글자로 표현해서 수에 한계가 있다는 점이 가장 아쉬운 부분이다.

한편, 한글 이름의 가장 큰 장점은 듣기만 해도 기분이 좋아지고 정감이 느껴진다는 것이다. 즉, 우리의 귀에 익숙한 아름다운 사물이나 대상을 표현하는 이름이 대부분이기 때문에 듣기만 해도 기분이 좋아진다. 또, 한자 이름처럼 딱딱한 느낌이 들지 않는다는 점에서도 한글 이름은 친근감이 느껴진다. 그리고 간단한 음양오행 이론만 이해하면 누구나 쉽게 지을 수 있다는 점에서 매우 간편하다는 장점도 갖추고 있다.

단, 한글 이름은 신중하게 선택해야 한다. 앞에서도 설명했듯 좋은 이름은 품위가 있어야 하는데 한글 이름은 품위와는 거리가 있다. 이름이 너무 가벼운 것이다. 예를 들어, '우리'라는 이름이라면 이름을 부를 때 그 사람의 특정적 품위를 느끼기 어렵다. 또, 왜 '우리'라는 이름을 지은 것인지 그 의미도 쉽게 이해하기 어렵다. 이 부분은 매우 중요한 문제다.

또 한 가지, 한글로만 표기할 수 있는 이름을 지을 경우 대부분 사물이나 자연 등 보통명사를 사용하는데, 이것은 그 사람의 독창성을 저해하는 요인으로 작용할 수도 있다. 이 점 역시 사람을 가볍게 보이게 하는 작용을 한다. 예를 들어, '가을'이라는 이름이라면 이것이 사람의 이름을 나타내는 고유명사인지 사계절의 가을을 나타내는 보통명사인지 구별하기 어렵다. 이런 경우, 본인의 개성이 돋보이지 않기 때문에 왠지 성의없이 아름다운 명사를 단순히 모방하기만 한 것 같은 인상을 주기 쉽다.

단, 한글 이름인 듯하면서 한자도 병기하는 이름은 다르다. 예를 들어, '하나'(蕸娜)라는 이름은 한자로도 충분히 표기할 수 있다. 이 경우에는 발음 자체는 한글 이름인 듯한 친근감을 주면서 한자로도 표기할 수 있기 때문에 한글 이름으로서는 좋은 조건이다.

특히 한자 표기가 가능한 한글 이름인 경우에는 그 의미가 한글과 크게 다르지 않아야 한다. 예를 들어, '하나'라는 이름에 한자 표기가 '蕸娜'라고 하자. 이것은 하(蕸: 연잎, 아름다운 갈대)와 나(娜: 아름다움)가 합쳐져 '아름다운 갈대', 또는 '아름다운 연잎'이라는 의미다. 즉, 한글 이름의 뜻인 '하나'라는 의미에 함께 '아름다운 연잎 하나'라는 의미로 해석될 수 있다. 하지만 '蕸'는 대법원의 인명용 한자에 포함되지 않는 글자다. 따라서 이름에는 사용할 수 없다.

한글 이름을 지을 때에는 이런 문제들이 있다는 점을 이해해야 한다. 물론, 굳이 한자를 병기하지 않아도 된다. 하지만 이왕 사랑을 담아 아이의 이름을 지어 줄 바에는 가능하면 좀 더 신중하게 선택하는 것이 낫지 않을까? 또, 사회의 일반적인 통념도 무시할 수 없다. 아름다운 우리글을 살린 개성 있는 이름도 좋지만 보편성을 염두에 둔 개성이 더 빛을 발할 수도 있기 때문이다. 한글로 이름을 지을 때에는 이런 부분을 염두에 두어야 나중에 후회하지 않는다.

한자 이름

한자 이름이 한글 이름보다 좋다고 말할 수 있는 분명한 근거는 존재하지 않는다. 한글 이름을 잘 지으면 잘못 지은 한자 이름보다 훨씬 아름답고 의미도 좋다. 따라서 한자 이름이 한글 이름보다 낫다고 할 수 있는 특정적인 이유는 없지만, 굳이 이유를 꼽는다면 사회적 보편성을 갖추고 있다는 것이다.

그런데 이 보편성이 중요한 의미가 있다. 혼자 사는 세상이 아닌 이상, 이왕이면 여러 사람이 편하게 받아들일 수 있는 보편적인 이름을 사용해야 거부감이 없기 때문이다. 물론, 한자 이름은 당연히 한글 이름과 함께 사용된다.

어쨌든 한자 이름은 사회적 보편성이라는 측면에서 크게 신경을 쓰지 않아도 된다는 장점이 있다는 사실을 이해하고 주의해야 할 사항들을 알아보자.

한자 이름을 지으려 하면 이런저런 복잡한 장애물들이 다양하게 발생한다.

- 인명용 한자를 사용해야 한다.
- 남성은 사용할 수 없는 한자가 있다.
- 여성은 사용할 수 없는 한자가 있다.
- 이름에 사용해서는 안 되는 불용문자가 있다.
- 장남, 장녀에게만 사용하는 한자가 있다.
- 장남, 장녀에게는 사용하지 말아야 하는 한자가 있다.

정말 복잡하다. 이 모든 규칙을 지키면서 이름을 짓다 보면 어느 순간 짜증이 난다. 그렇다면 정말 이 규칙을 모두 지켜야 할까? 하나하나 확인해 보도록 하자.

인명용 한자만 사용해야 하는가?

한자는 그 수가 워낙 많고 복잡해서 사전을 보면 수만 자가 넘는다. 따라서 이름에는 지나치게 복잡한 한자는 피하고 일반인이 쉽게 알아볼 수 있는 한자만을 사용하도록 한다는 방침 아래에 대법원에서 정해 놓은 한자가 인명용 한자다. 그 수는, 한문교육용 기초한자 1,800자와 인명용 추가 한자

1,162자를 합하여 2,963자다. 이 인명용 한자 이외의 한자는 사용할 수 없다. 단, 돌림자인 경우에는 특별히 허락해 준다.

이것은 사회의 법으로 규제된 부분이기 때문에 어쩔 수 없다. 따라서 인명용 한자는 반드시 지키도록 한다. 이름을 지어 놓았다가 행정관청에서 받아 주지 않으면 곤란하기 때문이다.

남성은 사용할 수 없는 한자가 있다?

이름을 지을 때, 남성에게는 사용할 수 없는 한자가 있다는 주장도 있다. 이것은 남성에게 어울리지 않는 여성적인 한자를 사용하지 않는다는 의미다. 즉, 이른바 女(계집 녀)변으로 이루어진 한자나 부드러움을 상징하는 柔(부드러울 유) 같은 한자, 가벼움을 느끼게 하는 玉(구슬 옥) 같은 한자, 음의 기운을 상징하는 氵(물수) 변을 사용하지 않는다고 하는데 여기에는 문제가 있다.

사주를 바탕으로 이름을 지을 경우, 한자는 음양오행의 조합을 맞추는 것이 중요하다. 예를 들어 사주에 수기(水氣)가 부족하다면 당연히 수기를 보충해 주어야 하고 그럴 경우 물수 변의 글자가 들어가게 된다.

따라서 이 부분은 지나치게 경박하거나 남성인지 여성인지 알아보기 어려운 여성적 의미의 한자는 가능하면 피한다는 정도로 생각하는 것이 바람직하다.

여성은 사용할 수 없는 한자가 있다?

이 부분 역시 마찬가지로 '사용할 수 없는 한자'가 특별히 존재하는 것은 아니다. 이른바 천박하거나 추한 느낌이 드는 한자, 차가운 느낌이나 딱딱한 느낌이 드는 한자, 지저분한 느낌이 들거나 남성적인 느낌이 드는 한자들이 여성은 사용할 수 없는 한자에 해당하는데 이것은 상황에 따라 달라진다.

단순하게 생각해 보자. 여성의 이름에 妾(첩 첩)이나 娼(몸 파는 여자 창)이라는 글자를 넣는 부모가 있을까? 이 부분은 굳이 사용할 수 없는 한자라고 칭할 필요도 없이 누구나 기피할 것이다.

그리고 추한 느낌이 든다는 이유에서 涵(젖을 함), 脣(입술 순) 등의 글자를 사용할 수 없다고 하지만 경우에 따라서는 사용할 수도 있는 한자들이다. 그 자체만으로 특별히 추하다고 볼 수는 없기 때문이다. 만약 糞(똥 분)이라고 한다면 누가 보아도 추할 것이고 이런 글자는 당연히 이름에 넣지 않는다.

이처럼, 여성이라고 해서 특별히 사용할 수 없는 한자가 존재하는 것은 아니다. 이름은 부모의 사랑과 정성이 담긴 선물이다. 그런 선물에 터무니없는 한자를 넣는 부모는 없을 테니까 이것은 기준에 해당하지 않는 말이다.

이름에 사용해서는 안 되는 불용문자가 있다?

이른바 불용문자라고 해서 이름에는 사용하면 안 된다고 하는 한자들이 있다.

月(월), 仁(인), 長(장), 地(지), 川(천), 鐵(철), 春(춘), 初(초), 泰(태), 風(풍), 鶴(학), 海(해), 花(화), 孝(효), 吉(길), 錦(금), 明(명), 美(미), 福(복), 勝(승), 實(실), 榮(영), 眞(진), 珍(진), 冬(동), 蘭(란), 了(료), 馬(마), 滿(만), 梅(매), 命(명), 敏(민), 分(분), 粉(분), 山(산), 石(석), 雪(설), 星(성), 松(송), 壽(수), 順(순), 新(신), 女(여), 愛(애), 玉(옥), 完(완), 雲(운), 元(원), 貴(귀), 豊(풍)…….

이유는 다양하다. "冬(겨울 동)은 이름에 사용할 경우 모든 일에 장애가 많고 사람이 움츠러들며 차가운 심리를 갖추게 되기 때문에 사용해서는 안 된다" "福(복 복)은 숨겨져 있어 조용히 차오르는 것이 중요한데 이름에 드러내어 복 자체를 일반화시키면 오히려 복이 달아난다" 하는 식으로 이런저런 이유를 붙여 이름에 사용할 수 없는 한자라고 정해 놓았다.

하지만 여기에는 근거가 전혀 없다. 단순한 예로, 과거 우리 조상의 이름을 살펴보면 답은 금방 찾을 수 있다. 대부분의 위인들이 불용문자를 사용하고 있다. 그렇다면 그들은 우리

만큼 한자 공부를 하지 않았던 것일까? 이름을 짓는 기본적인 방법조차 모르고 있었던 것일까?

우리가 주의해야 할 점은, 이른바 성명학은 대체로 일제강점기 이후에 발달했다는 것이다. 즉, 일제의 잔재에 해당하는 부분이 많다. 우리의 조상은 이름을 지을 때 음양오행의 상생을 바탕으로 미리 돌림자를 정해 놓았고, 그 기준에 근거하여 본인의 특성과 개성을 살릴 수 있는 글자를 선택해서 부모의 사랑을 담아 선물해 주었다. 그런데 이것이 일제강점기로 접어들면서 혼란한 상황을 틈타 지금까지 검증없이 내려온 것이다. 그리고 동양철학의 전반적인 이론은커녕 불과 몇 개월 공부를 해서 이른바 작명가라는 직업을 내세워 돈벌이에 급급했던 사람들이 이런저런 이유를 붙여 마치 그럴 듯한 이론인 것처럼 혹세무민한 결과, 터무니없는 내용이 마치 작명에서 중요한 위치라도 차지하고 있는 것처럼 통용되었던 것이다.

뒤에서도 설명하겠지만 우리나라의 작명에는 이런 터무니없는 기준은 존재하지 않는다. 굳이 이름에 사용하면 안 되는 한자를 꼽는다면 불길한 느낌이 드는 근가. 그런데 이것은 딱히 불용문자라는 식으로 정해 놓지 않더라도 누구나 선택하지 않는 한자들이다. 따라서 이것은 근거가 전혀 없는 주장이다.

장남, 장녀에게만 사용하는 한자가 있다?

한편, 장남과 장녀에게만 사용하는 한자가 있다는 주장도 있다. 장남, 장녀는 첫째이기 때문에 처음, 최고, 거대함, 시작, 위를 상징하는 글자들은 장남과 장녀에게만 사용하는 한자라는 것이다.

이것 역시 이론적 근거는 전혀 없다. 다만 느낌상, 첫째니까 그런 의미가 있는 한자를 사용하는 것이 좋다는 의미일 뿐, 장남이나 장녀에게만 사용할 수 있고 그렇지 않은 경우에는 사용할 수 없다는 식으로 한자를 정해 놓는 것은 바람직하지 못한 주장이다. 장남, 장녀에게는 사용할 수 없는 한자가 있다는 주장 역시 터무니없다.

이처럼, 우리의 성명학은 상당히 왜곡된 상태에서 발전도 없이 그 자리에 머물러 있다. 어떤 학문이건 확실한 이론적 근거를 바탕으로 경험치(통계)를 추가하여 검증을 끝낸 이후에야 발전이 가능하다. 하지만 기껏해야 일제강점기에 형성된 근거도 없는 작명 원칙이라는 것을 적용하여 마치 이름이 그 사람의 모든 것을 대변하는 것처럼 그럴 듯하게 포장하는 행동은 분명한 잘못이다.

요즘에는 한두 달 공부해서 작명하는 사람들도 엄청나게 많다. 이름을 짓는다는 것은 기본적으로 주역, 음양오행, 사주, 상법(관상, 수상 등) 등을 모두 이해한 이후에 후천적인 운세를 추가하여 합리적인 사람으로 성장할 수 있도록 하기 위한 마지막 행위에 해당한다. 따라서 적어도 작명을 할 정도라면 이런 내용들은 당연히 이해하고 있어야 하며 여기에 한의학 (한의학에서의 시진은 관상법과 비슷하기 때문), 지리학, 역사학 등의 해박한 지식이 갖추어져 있어야 그 사람을 정확하게 판단하고 그에 어울리는 이름을 지을 수 있다. 또, 한자에 대해서도 상당한 수준의 이해력을 갖추고 있어야 전체적인 해석과 이해가 가능하다.

그런데 불과 몇 개월의 성명학 이론만을 공부하고 그것이 인생 전체를 대변하는 것처럼 사람들을 호도하여 무조건 개명을 재촉하는 이해할 수 없는 작명가들이 판을 치는 현실은 정말 개탄스러운 일이다.

숲에는 다양한 나무들이 자란다. 물론, 바위도 있고 흙도 있고 풀도 있다. 그 전체를 이해할 수 있어야 나무 한 그루의 문제를 해결할 수 있다. 그런데 나무 한 그루의 생김새만 간단히 익히고 숲을 논하고 있으니 그야말로 어이없는 일이 아닐 수 없다.

한갓 이름 작명에서 가장 중요한 것은 인명용 한자에 해당하는가 하는 점뿐이다. 그리고 굳이 이론을 논한다면 음양오행만 잘 갖춘 이름이면 된다. 그 이유는, 분명히 우리 조상도 음양오행을 중시하여 이른바 족보의 돌림자를 정할 때에 반드시 오행의 상생작용을 갖추도록 정했기 때문이다. 이 말은 곧, 우리 고유의 작명 방법이라는 뜻이다. 따라서 돈벌이에 급급한 사람들이 이익을 올리기 위한 목적으로 그럴 듯한 이론을 내세우며 마치 자신이 최고의 작명가인 것처럼 떠들어 대는 감언이설에는 절대로 넘어가지 말자.

그래도 혹시나 하는 생각이 든다면 작명가에게 물어 보면 된다. 근거를 설명해 달라고. 또 하나, 주역이나 한의학을 비롯한 동양철학 전반을 공부한 사람인지 확인해 보면 된다. 작명은 그 모든 내용을 섭렵한 이후에 가능한 분야이기 때문이다.

엉터리 작명가에게 이름을 맡기는 것보다는, 이론은 부족하더라도 부모의 사랑이 담긴 이름을 지어 주는 쪽이 훨씬 더 낫다.

돌림자와 외국어 표기

요즘도 족보를 바탕으로 돌림자를 사용하는 분들이 많이 있는 데 종갓집이라면 어쩔 수 없는 일이지만 그렇지 않다면 군이 돌림자를 사용할 필요는 없다. 그 이유를 설명하려면 매우 복잡해서 여기에서 다루기는 어렵다. 그러나 돌림자 자체가 오행의 상생 작용을 기준으로 미리 만들어진 것이기 때문에 어느 단계에서 성과 오행상 맞지 않는 경우가 발생하기 때문이다. 이럴 때에는 돌림자를 사용하는 것이 오히려 이름의 음양오행에 해가 되기도 한다.

예를 들어, 나(羅)씨 성인데 돌림자가 진(陳)이라고 하자. 이 경우, 한글 오행에서는 화(火)와 금(金)에 해당하여 화극금(火剋金)으로 상생이 아니라 서로 등을 돌리는 상극에 해당하여 매우 나쁘다. 또, 한자 자원오행으로 보더라도 羅는 목에 해당하고 陳은 토에 해당하여 목극토(木剋土)로 이것 역시 오행으로 볼 때 상극에 해당한다. 이런 경우에는 돌림자를 사용하는 것이 오히려 이름의 조화를 나쁘게 만들 수도 있다.

또, 이름은 그 사람 본인에게 가장 잘 어울리는 것을 선택해야 한다. 그런데 아직 태어나지도 않은 아이의 이름 한 글자를 미리 정해 놓고 거기에 꿰맞춘다는 것은 왠지 그 사람의 운명을 미리 정해 놓는 듯한 느낌이 들어 권하고 싶지 않다.

한편, 해외 활동이 많은 현대 사회에는 외국어 표기도 염두에 두는 것이 바람직하다. 한글은 모음이 잘 발달해서 다양한 모음을 사용하지만, 알파벳 언어권에서는 모음이 매우 부족하다. 가장 기본적이고 공통적인 모음은 ㅏ, ㅣ, ㅜ, ㅗ이며, ㅔ, ㅐ, ㅙ, ㅒ, ㅚ, ㅟ, ㅢ, ㅓ 등은 받음이나 표기할 수 없는 언어도 많이 있다. 따라서 아이의 이름이 해외에서도 자연스럽게 발음이 되도록 신경을 쓰고 싶다면 가능하면 ㅏ, ㅣ, ㅜ, ㅗ를 바탕으로 지으면 된다.

또, 유명인의 이름을 차용하는 경우도 있는데 이것 역시 권하고 싶지 않은 부분이다. 이유는 돌림자와 마찬가지다. 세상에 태어난 모든 아이는 각자의 개성과 독자적인 운명이 있다. 그런 아이에게 아무리 위대한 사람이라고 해도 다른 사람의 이름을 차용하는 것은 아이의 본질을 무시하는 것과 같다. 위인이면 어떻고 평범한 범인이면 어떤가? 아이는 나름대로 독창적인 개성을 가지고 태어났다. 당연히 개성을 가지고 살아야 한다. 그런 소중한 아이에게 미리 운명을 정해 주는 듯한 유명인 이름의 차용은 반드시 피하도록 한다.

단, 아이의 이름을 지어 놓고 보니 유명인과 같다는 경우에는 이야기가 다르다. 이름을 지을 때, 대상을 분명하게 아이로 생각하는 경우와 그렇지 않은 경우의 차이라고 생각하면 된다.

한편, 애완동물의 이름 때문에 고민을 하는 분들도 흔히 볼 수 있다. 애완동물의 이름을 지을 때에 주의해야 할 점은 사람의 이름을 절대로 적용하지 말아야 한다는 것이다. 동물은 동물일 뿐이다. 그런 동물에게 사람의 이름을 지어주면 인간과 동물의 경계가 무너진다. 예를 들어 애완동물의 이름을 '복순'이라고 지어 주었다고 하면 그 이름이 문제가 되는 것이 아니라 집안의 다른 사람들의 이름과 섞여 인간의 이름이 천박해진다는 뜻이다. 따라서 동물의 이름을 지을 때에는 그에 어울

리는 '점박이' '쌩쌩이'라는 식의 이름 같지 않은 이름을 지어
주는 것이 마땅하다.

이름을 짓기 전에 참조할 사항들

부르기 좋고 듣기 좋은 이름이 최고

이름에서 매우 중요한 조건은 듣기 좋고 부르기 좋아야 한다는 것이다. 이름을 부를 때에는 소리가 동반된다. 소리는 발음에 따라 기분 좋게 들릴 수도 있고 그 반대인 경우도 있다. 또, 이상한 연상이 떠오르기도 한다.

한자를 병기했다고 해도 어차피 발음은 우리말이기 때문에 특히 발음에 주의를 기울여야 한다.

한편, 한자를 병기한 이름인 경우에는 글로 표현할 때 한자를 사용하는 경우도 있으니까 너무 어려운 한자나 쉽게 이해하기 어려운 한자는 사용하지 말아야 한다.

정리하면, 듣기 좋고 부르기 좋은 발음과 사람들이 쉽게 이해하고 알아보기 쉬운 한자를 병기하는 것이 가장 바람직하다.

발음의 경우, '득노' '택남'이라는 식으로 부르기에 까다로운 것과 '문영' '석호'처럼 'ㅇ' 'ㅎ'과 만나 발음이 바뀌는 것 두 가지를 예로 들 수 있다. 이것이 특별히 문제가 될 것은 없지만 친구들이 부르기에 까다롭다거나 발음이 바뀐다는 이유에서 편하게 부르기 위해 이름을 변질시켜 별명처럼 부를 경우에는 이름이 제 가치를 못할 수 있다. 따라서 이 부분에 조금 더 신경을 쓰는 것이 좋다.

엄마, 아빠의 사랑이 가득 담긴 이름

한편, 앞에서도 설명했지만 이름을 지을 때에는 엄마, 아빠의 사랑이 가득 담겨 있어야 한다.

문득, 머릿속에 떠오른 단어를 바탕으로 이름을 짓는다거나 유명인을 닮았으면 좋겠다는 마음에 그 이름을 인용하거나 주변에 글 좀 아는 사람이 권한다고 해서 함부로 받아들이는 태도는 바람직하지 않다.

요즘에는 딸인지 아들인지 적어도 한 달 전에는 알 수 있다고 하니까 아이가 태어나기 전에 부부가 머리를 맞대고 사랑을 담아 다양한 이름을 생각해 둔다. 어떤 경우에는 엄마의 이름과 아빠의 이름 중에서 한 글자씩 따서 두 사람의 사랑을 이어 주는 매개체 같은 이름을 지어 줄 수도 있고, 부부가 원하는 사람이 되기를 바라는 마음으로 그런 바람을 상징하는 의미의 이름을 지어 줄 수도 있다.

또, 작명가에게 이름을 맡길 경우에도 미리 20~30개 정도를 생각해 두었다가 그중에서 선택해 달라고 하면 결국 부모의 사랑이 담긴 이름을 지어 줄 수 있다. 이런 경우, 선택한 이름들 중에서는 도저히 적당한 이름이 없다는 판단이 내려지면 작명가는 부부에게 기본적인 설명과 함께 그에 합당한 이름들을 다시 한 번 생각해 오라고 말해 줄 것이다.

아이는 사랑의 결과물이다. 그리고 그 사랑은 부부가 세상을 뜰 때까지 무한대로 이어진다. 그런 아이를 부르고 표현할 때에 사용하는 것이 이름이라면 당연히 신중하게 사랑을 담아 지어 주어야 한다. 조금이라도 더 나은 이름을 짓기 위해 작명가에게 맡기는 경우에도 무턱대고 좋은 이름을 지어 달라고 부탁하는 것은 부모로서 게으른 행동이라고 꾸짖지 않을 수 없다. 따라서 아이가 태어나기 전에 적어도 이름을 20~30개 정도는 미리 준비해 두는 것이 좋다.

이제 이름을 짓기 전에 참조해야 할 사항들을 정리해 보자.

사주를 이해한다

이름을 지을 때에 가장 중요한 부분이다. 이름은 선천적으로 타고난 사주에서 부족한 부분을 보완해 주는 역할을 담당하기 때문이다.

일반인이 사주를 이해하기는 매우 어렵다. 단, 요즘에는 사주 프로그램이 다양하게 소개되어 있기 때문에 누구나 자신의 생년월일시를 입력하면 즉시 사주를 알 수 있다. 이때, 木火土金水 오행에서 가장 부족한 부분이 어떤 것인지 확인하고 그 오행을 채워 준다는 식으로 생각하면 어렵지 않게 이름을 지을 수 있다.

작명가에게 맡기더라도 기본적으로 이런 사항들을 이해하고 있으면 정말 이름을 잘 지었는지 확인할 수 있다.

이름을 이해한다

이름을 이해한다는 말은 이름의 의미를 정확하게 이해한다는 뜻이다. 이름은 기본적으로 나음과 같이 생각할 수 있다.

	金(김)	時(시)	習(습)
인간관계	조상(부모)	자신(이름 당사자)	자녀(당사자의 자녀)
시간적 흐름	시작	진행	종결
나무로 비유	뿌리	줄기, 가지	열매
일의 진행과 비유	근본	노력	결과

위의 표처럼, 성은 부모를 비롯한 조상을 나타내며 모든 일의 시작, 근본, 뿌리를 의미하고 상명자(중간 이름)는 본인과 일의 진행, 나무의 줄기, 어떤 일을 이루기 위한 노력을 나타낸다. 그리고 하명자(끝 이름)는 본인의 자녀와 일의 종결과 결과, 나무로 치면 열매를 나타낸다.

즉, 이름은 가운데에 위치한 상명자가 매우 중요하며 좌우의 성과 하명자는 본인을 보호해 주고 지탱해 주는 역할을 담당한다. 이 부분은 사주에서 일간(日干: 태어난 날의 천간. 사주에서 본인을 상징)과 같은 의미가 있기 때문에 중요하다.

어쨌든 이름은 이런 식으로 하나의 흐름과 체계를 갖추고 있다는 점만 기억해 두자.

성을 이해한다

이름에서 성의 가장 큰 특징은 아무리 노력해도 바꿀 수 없는 것이라는 점이다. 따라서 이름을 짓기 전에는 성을 충분히 이해하고 있어야 한다.

예를 들어, 성이 金이라고 하자. 이것은 한글 오행에서 木에 속하며, 한자 오행에서는 8획이기 때문에 삼원오행인 경우에는 金에 해당하고, 주역팔괘에서는 3과 8이 동쪽에 해당하여 木에 속하며, 자원오행에서는 金에 해당한다. 또 받침이 있기 때문에 음양의 양에 해당하고, 횡파와 종파에서는 한글은 종파, 한자는 횡파에 해당한다.

이런 식으로 성이 어떤 글자에 해당하는지를 정확하게 이해하고 있어야 그 뒤에 이어지는 이름을 짓는 방식을 정할 수 있고 성과 잘 어울리는 이름을 짓게 된다.

몇 가지를 예로 들면 다음과 같다.

분류	한글 해석			한자 해석	
	받침의 음양	발음오행	분파	오행	분파
김(金)	양	목	종파	8획 금(삼원오행) 목(주역팔괘) 금(자원오행)	횡파
박(朴)	양	수	종파	6획 토(삼원오행) 수(주역팔괘) 목(자원오행)	종파
이(李)	음	토	종파	7획 금(삼원오행) 화(주역팔괘) 목(자원오행)	횡파
최(崔)	음	금	종파	11획 목(삼원오행) 수(주역팔괘) 토(자원오행)	횡파
문(文)	양	수	횡파	4획 화(삼원오행) 금(주역팔괘) 목(자원오행)	횡파

이렇게 성이 갖추고 있는 음양오행과 분파를 잘 이해해 두면 이름을 지을 때에 그에 맞추어 지을 수 있다.

단, 한자 오행에서는 수리해석을 바탕으로 삼는 삼원오행이나 주역팔괘는 굳이 참조하지 말고, 가능하면 자원오행을 따르는 것이 바람직하다. 앞에서도 설명했지만 삼원오행은 일본인이 창안한 것을 우리가 차용하고 있는 것이고, 주역팔괘에서의 획수에 따른 오행은 용마하도[龍馬河圖: 하도는 중국 고대 복희씨 때, 황허 강에서 나타난 용마의 몸에 그려져 있었다는 55개의 점으로 이루어진 그림을 가리킴. 동서남북 중앙의 다섯 군데에 일정한 수가 배열되어 있으며, 낙서 (洛書)와 함께 『주역』의 기본 이치가 되었음]의 숫자를 참고한 것이어서 방위학에 더 어울리기 때문이다.

또, 획수를 계산하는 방법도 복잡할 뿐 아니라 글자를 획수로 구분하는 것 자체가 문제가 많다. 한자도 시간의 흐름과 함께 변한 것이기 때문에 현재 사용하는 한자의 획수와 본래의 획수에는 많은 차이가 있다.

이름은 글자이니까 당연히 글자의 원뜻과 그 뜻을 기준으로 분류한 오행을 택하는 것이 바람직하다.

피해야 할 글자들을 피한다

이름을 지을 때에 피해야 할 글자는 한자인데 보기에도 기분 나쁜 死(죽을 사)나 神(귀신 신) 같은 글자는 당연히 사용하지 않겠지만, 이른바 장남장녀에게만 사용하거나 장남장녀는 사용하지 말아야 한다는 한자들도 가능하면 피하는 것이 좋다.

실질적으로, 장남장녀를 기준으로 선택하는 한자는 큰 문제가 있는 것은 아니지만, 일반적 통념이 개체를 움직일 수 있다는 점을 생각할 때 대부분 피하는 글자를 군이 선택할 필요는 없을 것이다.

단, 불용문자는 지나치게 얽매이지 말고 정말 뜻이 나쁜 글자만 피하면 된다.

이 부분을 간단히 정리해 보자.

장남, 장녀에게 사용하는 한자

- 一(한 일): 숫자 중에서 처음. 첫 번째, 시작. 태초.
- 甲(갑옷 갑): 천간(天干)의 시작. 근본. 첫째.
- 兀(으뜸 웬): 보는 반불에서 죄고. 본바탕. 근본.
- 上(위 상): 상중하에서 가장 위쪽. 최고.
- 允(맏 윤): 맏이라는 의미. 처음. 시작.
- 先(앞 선): 앞서 간다는 의미. 선구자. 리더.

- 大(큰 대): 가장 크다는 의미. 거대함. 대인(大人).

- 宗(마루 종): 종갓집. 임금. 대들보.

- 東(동녘 동): 동서남북의 첫째. 해가 떠오르는 아침.

- 春(봄 춘): 춘하추동의 첫째. 계절의 시작.

- 太(클 태): 우주 생성원리의 첫 번째인 태극(太極). 거대함.

- 泰(클 태): 거대함. 태산(泰山). 모든 산 중에서 최고봉.

- 巨(클 거): 거대함. 큰 그릇. 큰 포용력.

- 弘(클 홍): 넓은 마음. 거대한 그릇.

- 長(길 장): 장유유서(長幼有序)의 어른. 윗사람.

- 初(처음 초): 시작. 출발. 모든 일의 시초.

- 始(비로소 시): 시작. 출발. 모든 일의 시초.

- 碩(클 석): 거대한 바위. 조각품을 만들 수 있는 거대한 재료. 첫째.

- 乾(하늘 건): 팔괘(八卦)의 첫 번째. 우주개벽의 시초.

- 天(하늘 천): 천지현황(天地玄黃: 천자문의 첫 문장)의 시작. 우주의 출발점.

- 斗(말 두): 용량을 재는 단위의 최고봉. 닷 되, 열 되로 나뉘는 바탕.

장남, 장녀에게 사용하지 않는 한자

- 두 번째나 세 번째, 또는 마지막을 상징하는 한자.

예) 이(二), 후(後), 종(終), 말(末) 등

- 크기에서 두 번째 이하를 의미하는 글자.

예) 중(中), 소(小), 중(仲) 등

- 자연과 관련이 있으면서 뒤쪽을 의미하는 글자.

예) 지(地), 곤(坤), 을(乙) 등

불용문자

사실, 요즘에 불용문자라고 불리는 한자는 대부분 작명가들이 뜻이 나쁘거나 특정 대상을 상징한다는 이유에서 하나씩 확대시켜 온 것에 지나지 않는다.

고전을 살펴보면 한자 사용에서 주의해야 하는 내용에 관해서는 『예기(禮記)』에 다음과 같은 간단한 소개가 있을 뿐이다.

"名字者 不以國 不以日月 不以山川"

즉, "개인의 이름을 지을 때에는 국가의 이름, 日(일), 月(월), 山(산), 川(천)을 사용하지 마라"는 것이다. 그 이유는, 국가를 뜻하는 國(나라 국)을 이름으로 사용하는 것은 불경한 행위이고, 해와 날은 왕세를 상징하는 것이며, 산이나 선은 자연계의 가장 중요한 핵심 요소이기 때문에 사용하지 말아야 한다고 설명한 것이다.

이 내용이, 시간이 흐르면서 국가와 관련된 모든 한자, 해와 달을 비롯한 우주 천체와 관련이 있는 모든 글자, 산천 같은 자연계를 상징하는 모든 글자로 확대된 것이다.

하지만 불용문자는 따지려 하면 끝이 없다. 이래서야 어떻게 이름을 지을 수 있을까? 따라서 보기에도 거북한 글자가 아니라면 불용문자는 적당히 활용할 수도 있다는 사실을 이해해 두자.

불용문자를 정리하면 다음과 같은 내용으로 구성되어 있다.

- 뜻이 너무 큰 한자: 壽, 秀, 孝, 峰, 滿 등
- 짐승을 뜻하는 한자: 鷄, 蛇, 龜, 犬, 豚 등
- 뜻이 나쁜 한자: 死, 毒, 亡, 敗, 姦 등
- 흉한 수리에 해당하는 한자: 十, 百, 千, 萬, 億 등
- 신앙이나 신불을 뜻하는 한자: 神, 佛, 尊 등
- 십이지에 해당하는 한자: 子, 丑, 寅, 卯, 辰 등
- 신체를 의미하는 한자: 足, 手, 頭, 體, 腹 등
- 음이 두 개 이상인 한자: 降(강, 항), 更(갱, 경), 茶(차, 다), 說(설, 열) 辰(진, 신) 등
- 식물을 의미하는 한자: 松, 桃, 菊, 花, 蘭 등
- 계절을 의미하는 한자: 春, 夏, 秋, 冬, 季 등
- 우주 천체를 의미하는 한자: 日, 月, 輝, 光, 星 등
- 광물을 의미하는 한자: 鐵, 石, 硅, 金 등

하지만 언뜻 보아도 알 수 있듯이 이런 식으로 구별을 해 나가면 사용할 수 있는 한자는 거의 없다. 따라서 불용문자에 지나치게 얽매이지 말고 일반적인 관점으로 볼 때 의미가 정말 안 좋은 글자는 사용하지 않는다는 정도로 생각하는 것이 바람직하다. 또, 남성에게 많이 사용하는 한자나 여성에게 많이 사용하는 한자 역시 가능하면 피하는 것이 좋지만 지나치게 얽매일 필요는 없다.

남성에게 많이 사용하는 한자(여성에게 사용하지 않는다)

- 남성적인 느낌이 드는 한자: 俊(준걸 준), 昊(하늘 호), 昌 (창성할 창) 등
- 민첩하고 날쌘 의미를 상징하는 한자: 駿(준마 준), 敏(재빠를 민) 등
- 강한 수컷을 상징하는 한자: 龍(용 룡), 豹(표범 표), 虎(호랑이 호) 등
- 음양의 양을 강하게 상징하는 한자: 昱(빛날 욱), 旭(아침 해 욱), 晃(밝을 황) 등
- 너그러움을 상징하는 한자: 寬(너그러울 관), 浩(클 호), 賢 (어질 현) 등

여성에게 많이 사용하는 한자(남성에게 사용하지 않는다)

- 여성적인 느낌이 드는 女변의 한자: 妧(좋을 완), 娜(아리
  따울 나), 姬(성 희) 등

- 밝고 가벼운 느낌이 드는 한자: 晛(햇살 현), 明(밝을 명),
  淸(맑을 청) 등

- 부드러움을 상징하는 한자: 瑟(거문고 슬), 玟(옥돌 민), 琇
  (옥돌 수) 등

- 정숙함을 상징하는 한자: 貞(곧을 정), 賢(어질 현), 淑(맑
  을 숙) 등

- 음양의 음을 강하게 상징하는 한자: 泉(샘 천), 湞(물 이름
  정), 惠(은혜 혜) 등

부모 이름과의 관계를 생각한다

아이는 사랑의 결과물이다. 따라서 부모와 너무 동떨어진
느낌이 드는 이름은 피하는 것이 좋다.

예를 들어, 아버지의 이름은 '거대한 발전'을 뜻하고 어머
니의 이름은 '끝없는 사랑'을 의미하는데, 아이의 이름을 혼자
만의 출세를 바라는 식으로 짓는다면 이것은 가족의 이름이
조화를 이루지 못하는 결과를 낳는다.

반대로, 아버지의 이름은 '무조건 성공'을 뜻하고 어머니의

이름은 '이기적이라도 행복'을 의미하는데, 아이의 이름은 너그러움이나 배려를 상징한다면 이것 역시 조화를 이루지 못한다.

위의 예는 극단적이지만 이런 식으로 가족의 이름이 상호보완, 조화를 이룰 수 있도록 하는 것이 중요하다.

한글 이름 짓기

사주의 이해

드디어 본격적으로 이름을 짓는 단계로 접어들었다. 앞에서 설명한 대로의 법칙을 적용하면서 지어나가면 어렵지 않게 아름답고 사랑이 듬뿍 담긴 이름을 지을 수 있다.

이(李)라는 성을 가진 여자아이를 예로 들어 설명해 보기로 한다.

우선, 사주를 이해해야 한다.

예를 들어, 태어난 아이가 양력으로 2014년 2월 21일 丑時생(음력으로는 2014년 1월 22일)이라고 하자. 그럴 경우, 사주는 다음과 같이 구성된다.

時	日	月	年
癸(水)	癸(水)	丙(火)	甲(木)
丑(土)	亥(水)	寅(木)	午(火)

　전체적으로 보면 木이 2개, 火가 2개, 水가 3개, 土가 1개로 金은 보이지 않는다. 정확한 분석은 사주에서의 합(合), 충(沖) 등의 다양한 요소들이 복합되어 매우 복잡한 방식이 필요하지만 간단하게 金이 부족한 사주라고 생각하자(이 내용은 사주를 알려 주는 사이트 등을 확인하면 오행의 분포도도 알려 주니까 그 부분을 참조하는 것이 편하다).

　자, 사주의 답은 나왔다. 金이 부족한 사주이니까 이름에서 金을 보완해 주는 방법을 채택하면 된다.

성의 특징을 이해한다

　이번에는 성의 특징을 이해한다. 획수를 중시하는 삼원오행과 주역팔괘의 오행은 무시하고 자원오행만을 참고로 삼는다.

	한글 해석			한자 해석	
	받침의 음양	발음오행	분파	자원오행	분파
이(李)	음	토	종파	목	횡파

앞에서, 이름의 가운데 글자인 상명자가 본인을 나타내고 성이 부모(조상), 끝 글자인 하명자는 자녀를 나타낸다고 했다 (앞에서 소개한 도표를 참조).

즉, 이름은 가능하면 가운데 글자의 오행상 힘이 가장 강하도록 짓는 것이 기본적으로는 좋다. 경우에 따라서는 약하게 지어야 하기도 하지만 기본적으로는 그렇다.

따라서 사주에서 일간을 가장 중시하듯 이름에서는 상명자를 가장 중시해야 한다. 이런 사항을 잘 이해한 상황에서 이번 장은 한글 이름을 짓는 것이니까 한자는 일단 제쳐 두고 한글만을 생각해 보자. 성은 받침이 없어서 음에 해당하니까 받침이 있는 양의 글자를 상명자에 배치한다. 그리고 하명자는 받침이 없는 것을 선택하면 양쪽에서 상명자를 보완해 주는 역할을 담당하게 된다.

즉, ○(받침이 없다) ― ●(받침이 있다) ― ○(받침이 없다)

이런 식으로 짓는 것이다.

오행을 생각한다

두 번째, 이(李)는 발음오행에서 토에 해당한다. 그리고 사주에서는 금이 필요했다. 따라서 상명자의 발음은 금에 해당하는 글자를 선택한다. 하명자는 금을 생하여 주는 토를 선택한다.

이(土) ─ 상명자(金) ─ 하명자(土)

세 번째, 李는 한글 분파에서 가로로 갈라지는 횡파에 해당한다. 따라서 상명자는 종파에 해당하는 글자를 선택하고 하명자는 횡파에 해당하는 글자를 선택한다면 역시 양쪽의 횡파가 상명자의 종파를 보완해 주는 역할을 한다. 이것으로 음양의 배치는 끝이 난다.

이(종파) ─ 상명자(횡파) ─ 하명자(종파)

정리하면, 상명자는 발음오행상 금에 해당하고 받침이 있으며 분파는 횡파에 해당하는 것을 고른다. 하명자는 발음오행상 토에 해당하고 받침이 없으며 분파는 종파에 해당하는 것을 고른다.

도표로 정리해 보자.

	받침 유무	발음오행	분파
상명자 (가운데 글자)	받침이 있을 것	금(ㅅ, ㅈ, ㅊ)	횡파
하명자 (끝 글자)	받침이 없을 것	토(ㅇ, ㅎ)	종파

이제 부모의 이름과의 관계를 살펴 심한 차이가 나지 않는

한글 이름을 선택한다. 발음오행상 금에 해당하는 자음은 ㅅ, ㅈ, ㅊ이다. 그리고 토에 해당하는 자음은 ㅇ, ㅎ이다. 즉, 상명자는 자음이 ㅅ, ㅈ, ㅊ에 해당하면서 받침이 있으며 횡파인 것을 선택하고 하명자는 ㅇ, ㅎ에 해당하면서 받침이 없으며 종파인 것을 선택하면 된다.

우선, 상명자는 다음과 같은 글자들을 생각할 수 있다.

솔, 솜, 송, 숙, 순, 슬, 승, 종, 준, 중, 총, 춘, 충…….

그리고 하명자는 이런 글자들을 생각할 수 있다.

이, 외, 위, 애, 예, 혜, 회, 희, 휘, 해…….

차선책을 생각한다

여기에서 한 가지 더. 이것이 최선의 방법이지만 만약 마음에 드는 이름이 없을 경우에는 차선책이 있다. 하명자의 경우, 받침이 있는 글자를 선택하거나 발음오행상 금에 해당하는 글자, 또는 횡파에 해당하는 글자를 선택해도 된다는 것이다.

중요한 것은 상명자는 모든 면에서 성과 반드시 다른 글자여야 한다는 점이다. 정리를 하면, 앞의 도표에서 소개한 내용은 최선책이고, 차선책은 하명자 역시 상명자와 같은 구조로 만들어도 된다는 뜻이다.

	받침 유무	발음오행	분파
상명자 (가운뎃글자)	받침이 있을 것	금(ㅅ, ㅈ, ㅊ)	횡파
하명자 (끝글자)	최선책: 받침이 없을 것 차선책: 받침이 있어도 됨	최선책: 토(ㅇ, ㅎ) 차선책: 금(ㅅ, ㅈ, ㅊ)	최선책: 종파 차선책: 횡파도 됨

물론, 전체적으로 받침이 있어야 하거나 발음오행으로 볼 때, 다른 오행이 필요하거나 횡파와 종파를 무시해야 하는 경우도 있다. 하지만 이것은 사주를 정확하게 판단한 이후의 일이기 때문에 일반인은 감정이 매우 어렵다. 중요한 것은 기본을 지키면서 사랑을 담아 아이의 이름을 지어 주는 것이다. 여기에서는 그 기본을 토대로 설명하고 있다.

마음에 드는 이름을 선별한다

이제 글자를 조합해 보자. 다음과 같은 글자들을 얻었다.

솔, 솜, 송, 숙, 순, 슬, 승, 종, 준, 중, 총, 춘, 충······.

그리고 하명자는 이런 글자들을 생각할 수 있다.

이, 외, 위, 애, 예, 혜, 회, 희, 휘, 해······.

이것들을 조합하면 다음과 같은 이름들을 만들어 낼 수 있다.

솔이, 솔희, 솜이, 솜혜, 솜희, 송이, 송애, 송예, 송희, 송해, 숙이, 숙애, 숙희, 숙해, 순이, 순애, 순예, 순혜, 순희, 순해, 슬이, 슬애, 슬예, 슬혜, 슬희, 슬해, 승이, 승예, 승혜, 승희, 승해, 종이, 종예, 종혜, 종희, 종해, 준이, 준애, 준예, 준혜, 준희, 준해, 중예, 중혜, 중희, 중해, 총이, 총예, 총혜, 총희, 춘이, 춘애, 춘예, 춘혜, 춘희, 충이, 충애, 충예, 충희, 충해.

자세히 살펴보면, 여자아이의 이름으로는 전혀 어울리지 않는 남성적인 이름이나 왠지 거북한 이름, 또는 촌스러운 느낌이 드는 이름도 있다. 이런 것들을 모두 제외하고 부르기 좋고 발음도 좋은 이름을 선택하면 다음과 같이 정리가 된다.

솔이, 솔희, 송이, 송애, 송예, 송희, 숙희, 순예, 순희, 슬이, 슬예, 슬혜, 슬희, 승이, 승예, 승혜, 승희.

여기에 성을 붙여 함께 불러 본다.

이솔이, 이솔희, 이송이, 이송애, 이송예, 이송희, 이숙희, 이

순예, 이순희, 이슬이, 이슬예, 이슬혜, 이슬희, 이승이, 이승예, 이승혜, 이승희.

성을 붙이면 느낌이 또 달라진다. 여기에서 다시 버릴 것을 버리고 이름을 압축한다.

이솔희, 이송이, 이송희, 이슬희, 이승혜, 이승희.

이제 압축할 만큼 압축했으면 마음에 드는 순서로 순위를 매긴다. 예를 들어, 다음과 같은 순위가 정해졌다고 하자.

① 이승희　　　　　② 이승혜

③ 이슬희　　　　　④ 이솔희

⑤ 이송희　　　　　⑥ 이송이

이렇게 순위가 정해졌으면 ①순위의 이름인 '이승희'부터 적당한 한자가 있는지 찾아나간다. 즉, 한자 이름을 짓는 단계로 접어드는 것이다.

한자 이름 짓기

조건을 확인한다

한자 이름을 지을 때에는 우선, 어떤 부분을 조심해야 하는지 조건을 확인한다. 아이가 첫째라고 가정하고 생각할 경우,

① 둘째 이후의 아이에게 사용하는 한자는 사용하지 않는다.

② 뜻이 나쁜 한자나 불용문자 등을 가능하면 피한다.

③ 남자아이에게 사용하는 한자는 피하고 여자아이에게 어울리는 한자를 선택한다.

이 세 가지 조건을 인식하고 한자 이름에서 조합할 때 이용하는 오행의 조화와 분파를 생각하며 '이승희'라는 이름에 어울리는 한자를 선택한다.

우선, 오행의 경우에는 한글 이름을 지을 때와 마찬가지로 사주에 금이 부족한 상태이니까 당연히 금에 해당하는 글자를 상명자로 선택한다. 하명자는 최선책이 토이고 차선책이 금이 된다. 분파는 李가 횡파에 해당하니까 상명자는 종파에 해당하는 한자를 선택해야 하고, 하명자는 최선책이 횡파, 차선책이 종파가 된다.

정리하면 다음과 같다.

이승희	상명자	하명자
오행	금에 해당	최선책: 토에 해당 차선책: 금에 해당
분파	종파	최선책: 횡파 차선책: 종파

적당한 한자를 찾는다

이제 한자를 찾아보자.

일단, '승'자를 찾아보면 자원오행의 금에 해당하는 한자는 없다. 만약 금에 해당하는 '승'자가 있다면 하명자인 '희'를 토나 금에 해당하는 글자로 넣으면 되지만 '승'자가 없으면 방법이 없다. 그렇다고 '슬'이나 '솔' '송'을 찾아보아도 '송'자 중에 '訟'이 금에 해당하지만 이것은 '송사하다'라는 나쁜 뜻이기 때문에 사용할 수 없다.

결국, 상명자를 받침이 없는 글자를 선택하고 하명자에서 받침이 있는 글자를 조합하는 수밖에 없다.

그래서 다시 정리를 해보면 상명자의 받침은 없다고 해도 분파에서는 횡파를 맞추어야 하니까 다음과 같은 이름들이 떠오른다.

이소연, 이수연, 이소영, 이수영…….

그러자 '소'는 韶(아름다울 소)와 訴(하소연할 소)의 두 글자가 자원오행의 금에 해당한다는 사실을 확인할 수 있는데, 訴는 의미가 매우 나빠 사용할 수 없다. 단, 韶는 사용할 수 있다.

이번에는 '수'를 살펴보자 琇(아름다운 옥돌 수) 자가 등장한다.

자, 이제 '소'와 '수'는 금에 해당하는 글자가 있다는 사실을 확인했다.

다시 조건을 정리해 보자.

성은 李, 상명자는 韶, 琇, 두 개로 압축되었다. 이제 하명자는 반드시 받침이 있는 글자를 사용해야 한다는 규칙이 정해졌다. 그리고 한글로는 최선책이 종파, 차선책이 횡파다. 자원오행에서는 최선책이 토이고 차선책이 금이다. 한자로는 최선책이 횡파이고 차선책이 종파다.

이 조건에 맞으면서 부르고 듣기에 거북하지 않은 한글은 최선책으로는 '연' '영'이 있고 차선책으로는 윤(윤은 분파의 차선책인 횡파에 해당하기 때문에)이 있다.

한자의 조건은 최선책이 횡파라 했으니까 자원오행의 금에 해당하는 '연'을 찾아보면 妍(고울 연)과 娟(예쁠 연)이 있는데 횡파가 아닌 종파다.

또, '영'을 찾아보면 자원오행의 금에 해당하는 한자는 瑛(옥빛 영)이라는 한자가 있다. 차선책인 '윤'을 찾아보면 玧(붉은 구슬 윤)이 있다.

이제 이 이름들을 도표로 정리해 보자.

성(姓)	상명자	하명자
이(李)	韶(아름다울 소) 자원오행: 금	妍(고울 연): 토 娟(예쁠 연): 토
		瑛(옥빛 영): 토
		차선책 玧(붉은 구슬 윤): 토
	琇(아름다운 옥돌 수) 자원오행: 금	妍(고울 연): 토 娟(예쁠 연): 토
		瑛(옥빛 영): 토
		차선책 玧(붉은 구슬 윤): 토

차선책이 최선책이 될 수도 있다

이 이름들을 정리하면 다음과 같이 여섯 개로 정리된다.

이소연, 이소영, 이소윤, 이수연, 이수영, 이수윤.

여기에서, 이왕이면 조금이라도 조화를 잘 이룬 이름을 짓는 것이 좋으니까 하명자가 한글 분파에서 조합이 떨어지는 횡파에 해당하는 글자는 제외한다. 즉, '윤'을 제외한다.

그럴 경우, 네 개의 이름이 남는다.

이소연, 이소영, 이수연, 이수영.

이제 뜻을 조합해서 살펴보면 상명자는 '소'이건 '수'이건 모두 '아름답다'는 뜻을 가지고 있다. 하명자의 뜻도 크게 차이가 없고 자원오행의 조합도 좋다.

여기에서 다시 한 번 강조하지만, 수리에는 전혀 얽매일 필요 없다. 따라서 자원오행의 조합만 생각한다면 이 중에서 어떤 이름을 짓더라도 모든 조건이 충족되는데 다만 받침이 상명자에 있으면 최고겠지만 그것이 하명자로 옮겨졌다는 것이 약간의 흠이다.

또, 한자 분파에서도 성이 횡파이니까 상명자 종파는 매우 좋지만 하명자 역시 모두 종파에 해당하여 '횡파–종파–횡파'라는 최선책은 충족시키지 못했지만 그래도 '횡파–종파–종파'로 횡파와 종파가 조화를 이루었기 때문에 차선책은 충족시킬 수 있었다. 사주에 부족한 금을 보완해 줄 수 있는 이름으로 이 정도의 이름을 찾았다는 것은 정말 다행이다.

이제 남은 것은 네 개의 이름에서 가장 마음에 드는 이름을 선택하는 것이다. 그리고 한자의 변이 女변인가 玉변인가의 선택뿐이다. 여자아이이니까 만약 韶(아름다울 소)를 선택한다면 하명자는 女변이 들어가는 글자가 좋고 琇(아름다운 옥돌 수)를 선택한다면 女변도 좋고 玉변도 나쁘지 않다.

이렇게 해서 이름 짓기는 끝이 난다.

즉, 사주에서 부족한 오행인 금을 보완해 주면서 받침 음양의 조화를 적당히 이루었고(차선책이기 때문에 최고는 아님) 자원 오행으로 볼 때 양쪽의 토가 가운데의 금을 보필하는 모습이기 때문에 배합이 좋고 한자의 뜻도 '아름다움을 간직한 구슬 같은 여성'이라는 의미에서 나쁘지 않은 썩 괜찮은 이름이 탄생한 것이다.

작명가의 선택이라면?

여기에서, 파자의 해설까지 생각한다면 답은 한 가지로 압축된다.

즉, '李+琇(아름다운 옥돌 수)+娟(예쁠 연)'이라는 이름이다.

예를 들어, 韶(아름다울 소)는 音(소리 음)+召(부를 소)로 글자 자체가 '소리 내어 부른다'는 파자의 의미가 있기 때문에 사실 바람직한 글자는 아니다. 이 글자가 女변의 글자와 짝을 이룰 경우, 音이 짝을 이루면 '시끄럽게 떠드는 여자'가 되고 召와 짝을 이루면 '소리 내어 부르는 여자'가 되어 의미가 매우 나쁘다. 玉변의 하명자인 瑛(옥빛 영)과 이어질 경우, 音이 짝을 이루면 '햇살(日) 아래에 서 있는(立) 구슬'이 되고 召와 짝을 이루면 '구슬의 입구(口)를 칼(刀)로 가르는 형상'이 되어 파자와 합자(合字: 파자한 글자를 다시 합하여 새로운 뜻을 만들어 내는 것)의 뜻이 그다지 좋지 않다.

하지만 '李+琇+娟'이라고 하면 상명자 琇의 玉과 하명자 娟의 오른쪽 부분이 합쳐져 珇(패옥 현)이 되어 '패옥처럼 귀한 장신구'라는 뜻이 되고 상명자 琇의 秀(빼어날 수)와 하명자 娟의 女가 합쳐지면 '嫉'가 되어 '빼어나게 아름다운 여자'라는 뜻이 된다. 따라서 파자, 합자의 뜻도 매우 여성적이면서 우수하다.

따라서 파자, 합자까지 생각한다면 최종 작명의 답은 '이수연(李琇娟)'이 된다.

지금까지 성명학에 관한 다양한 내용을 소개함과 동시에 예를 들어서 작명을 하는 방법을 소개했다. 실제로 작명가가 이름을 짓는 경우에는 정확한 사주의 분석과 함께 다양한 내용이 인용될 테지만 그 부분은 너무 복잡하기 때문에 여기에서는 일반인들이 누구나 쉽게 기본을 지키면서 원칙을 따라 이름을 짓는 방법을 소개했다.

아이의 이름에서 가장 중요한 것은 부모의 사랑이다. 따라서 지나치게 이런저런 작명 기술에 얽매이지 말고 부모의 따뜻한 사랑과 정성으로 지어 주는 이름이 더 값지다는 마음으로 이름을 짓는다면 필자가 보기에 그보다 더 좋은 이름은 없을 것이다.

최소한의 기본만 지킨다면 이름은 충분히 가치가 있다. 설사 이런저런 복잡한 내용을 인용하여 모든 조건을 충족시키는 이름을 짓는다고 해도 작명가를 찾아가면 거의 대부분 나쁘다는 이유에서 개명을 이야기한다. 그 이유는, 각각 원칙이 다르기 때문이다.

특히 수리를 지나치게 강조하는 작명가는 주의해야 한다. 앞에서도 소개했지만 한자는 갑골문자를 포함하여 다양한 변천을 거쳤을 뿐 아니라 뜻을 나타내는 글자기 때문에 획수는 거의 의미가 없다고 보아도 된다. 게다가 '영동수리 81수'라는 것은 일본인이 일본인의 이름에 맞는 방식을 찾아 만들어낸, 근거가 전혀 없는 내용이다.

따라서 획수에는 연연할 필요가 전혀 없다. 한자에서 정말 중요한 것은 의미다. 또, 불용문자도 지나치게 얽매일 필요가 없다. 부모의 사랑은 그 어떤 것보다 소중하다는 사실을 잊지 말고 상식적으로 생각할 수 있는 수준에서 아이의 이름을 지어 주자.

목성(木姓)을 기준으로 본 이름

이름에서 오행의 배치는 매우 중요하다는 사실을 이해했을 것이다. 여기에서는 한글 이름과 한자 이름에서 공통적으로 중요한 의미가 있는 오행의 배치 관계와 길흉, 그리고 의미를 간단히 정리해서 소개하기로 한다.

순서는 성의 목화토금수(木火土金水), 상명자의 목화토금수(木火土金水), 하명자의 목화토금수(木火土金水) 순이며 사주에서 필요한 오행 등과는 관계없이 단순히 이름의 오행만을 놓고 길흉을 설명한 것이다.

목목목(木木木. 中)

머리가 좋고 인내력을 갖춘 노력가로 정도 많지만 이기적인 성격이다. 노력을 통해서 성공을 거둘 가능성이 높은 타입으로 가정운, 재물운이 좋다. 고집이 세다.

목목화(木木火. 吉)

가족관계와 애정운이 좋으며 사회적으로 큰 성공을 거둘 가능성이 높다. 모든 일에 빈틈이 없는 성격이며 특히 자녀운이 매우 좋은 편이다.

목목토(木木土. 凶)

남성인 경우에는 아내를 힘들게 하는 단점이 있고 여성인 경우에는 가정을 잘 이끌어 나가는 성격이다. 남녀 모두 자립심이 강하고 신뢰가 높지만 자녀운은 나쁜 편이다.

목목금(木木金. 凶)

의리가 강하고 줏대가 갖추어져 있지만 그 때문에 인간관계에서 손해를 보는 경우가 많고 가족관계에도 불운이 깃들여 화목을 유지하기 어렵다. 건강도 나쁜 편이다.

목목수(木木水. 吉)

고집이 세기는 하지만 다른 사람을 배려하는 마음이 깊고 이해심도 풍부하다. 원만한 가정을 이끌 수 있으며 자녀를 위해 최선을 다한다. 부부의 정과 자녀운이 좋다.

목화목(木火木. 大吉)

목생화로 양쪽에서 가운데의 화를 생하여 주는 모습으로 위아래로 인정을 받기 때문에 크게 성공을 거둘 수 있는 이름이며 가정도 화목하고 자녀운도 좋다.

목화화(木火火. 吉)

윗사람의 도움을 받아 늘 힘이 넘치는 이름으로 부모덕이 있고 친구처럼 믿음직한 자녀를 둘 수 있다. 결혼운도 나쁘지 않으며 사랑을 아는 낭만파다.

목화토(木火土. 吉)

위에서 아래로 내려가는 순서대로 목생화, 화생토로 이루어져 있어 강력한 능력이 피어나며 의리가 있고 사교성이 발달했다. 대인관계를 바탕으로 성공할 가능성이 높으며 책임감이 강하다.

목화금(木火金. 凶)

목생화, 화극금으로 이루어져 있어 불 같은 성격과 빠른 두뇌를 갖추고 있다. 하지만 자신을 너무 내세워 아랫사람을 극하기 때문에 자녀와의 운이 나쁘고 가정이 흔들릴 가능성이 높다.

목화수(木火水. 凶)

시작은 좋지만 마무리가 늘 불안하여 일이 될 듯하면서도 항상 좌절되어 버리는 식이다. 가정에 충실해도 그만큼 받기 어렵기 때문에 정신적인 고통에 시달릴 가능성이 높다.

목토목(木土木. 大凶)

양쪽에서 목극토로 가운데의 토를 극하고 있기 때문에 무슨 일을 하건 중간에 좌절되고 불평불만이 끊이지 않는다. 또, 가정이 안정되지 않고 부모형제와의 관계도 원만하지 못하다.

목토화(木土火. 凶)

밑에서는 화생토로 도와주고 있지만 위에서는 목극토로 극을 당하고 있기 때문에 부모나 윗사람의 덕을 받기는 어렵고 자수성가할 가능성이 높다. 단, 자신의 가정을 꾸린 이후에는 나름대로 행복하게 살 수 있다.

목토토(木土土. 凶)

목극토로만 이루어져 있어 자신감과 긍정적인 사고가 부족하며 이리저리 휘둘리는 나약한 사람이다. 따라서 자신의 주체성을 확립하기 어려워 성공이 늦고 가정에서도 눌려 지내는 생활을 보내야 한다.

목토금(木土金. 凶)

한쪽에서는 목극토로 극을 당하고 다른 쪽에서는 토생금으로 기운이 빠져나가 모든 일에 소극적이고 자신감이 부족한 사람으로 시키는 일은 잘 해도 스스로 개척하는 능력은 매우 부족하다. 따라서 불평불만이 끊이지 않으며 큰 발전을 이루기 어렵다.

목토수(木土水. 大凶)

목극토, 토극수로 이름이 모두 상극으로 구성되어 있어 부모의 덕이나 부부의 정, 자녀와의 관계가 모두 나쁘다. 사회적으로 대인관계도 좋지 않아 뜻밖의 사고를 당할 가능성이 높으며 무슨 일을 해도 노력만큼의 성공을 거두기 어렵다.

목금목(木金木. 凶)

어떤 상황에서건 자신만을 내세우는 성격으로 독선적이며

대인관계가 매우 나쁘다. 모든 일을 스스로 해결하려고 하기 때문에 늘 심신이 피로하고 건강에 문제가 발생할 가능성이 높다. 특히 예상하지 못한 사고를 매우 조심해야 한다.

목금화(木金火. 大凶)

아래에서 위를 향하여 화극금, 금극목으로 구성되어 있어서 전체가 상극인 매우 나쁜 이름이다. 위아래의 관계가 모두 원만하지 못하기 때문에 다른 사람의 도움을 받기는 어렵고 스스로 삶을 개척해야 하는 고독한 이름이다.

목금토(木金土. 凶)

반항적인 기질이 강해서 윗사람의 도움을 받기는 어려워 일찍 안정을 찾기는 어렵다. 단, 결혼 이후에는 나름대로 안정된 생활을 누릴 수 있다. 특히, 자녀운은 나쁘지 않아 말년이 좋다.

목금금(木金金. 大凶)

자기주장이 강하고 체력도 받쳐 주어 어디를 가나 자신을 내세우는 능력이 탁월하지만 그 때문에 대인관계가 원만하지 못하고 늘 시비와 구설이 끊이지 않는다. 감정을 억제하지 못하여 실수를 저지르는 일이 빈번하고 가정에서도 독선적이기 때문에 늘 다툼이 끊이지 않는다.

목금수(木金水. 凶)

자신보다 약한 사람에게는 따뜻하지만 자신보다 강한 사람에게는 굽히려 하지 않는 의리파. 결국 이익보다는 손실이 많기 때문에 자신의 생활은 늘 불안하며 노력한 만큼의 결실을 거두기 어렵다.

목수목(木水木. 吉)

윗사람에게 인정을 받고 아랫사람을 보듬을 줄 아는 따뜻한 배려를 갖추고 있기 때문에 인기가 좋아 일찍 생활의 안정을 얻을 수 있으며 어디를 가나 인정을 받을 수 있는 이름이다. 가정도 화목하고 배우자운과 자녀운도 좋다.

목수화(木水火. 凶)

윗사람에게는 잘 하지만 아랫사람에게는 지나치게 엄격해서 약간은 이중적인 성향이 보이는 한편, 자신의 힘으로 자수성가하게 될 가능성이 높다. 가정에서는 독선적이기 때문에 가족을 힘들게 만든다.

목수토(木水土. 凶)

토극수로 상극을 당하면서 수생목으로 기가 빠져나가는 이름으로 늘 불안한 심리와 근심걱정에 시달리게 된다. 안정적이지 못해 발생하는 다양한 현상들 때문에 인간관계에도 영향이 미쳐 심신이 모두 고달프게 될 이름이다.

목수금(木水金. 吉)

금생수, 수생목으로 상생의 순환을 이루고 있기 때문에 사람을 다루는 수단이 뛰어나고 머리도 좋다. 사고방식도 합리적, 논리적이어서 사회적으로 명예와 성공을 거머쥘 수 있으며 가정운도 매우 좋다.

목수수(木水水. 吉)

두뇌가 좋고 판단력, 논리력, 추진력을 모두 갖추고 있어 일찍 성공을 거둔다. 단, 성격이 소심하고 자신감이 부족해서 신경이 날카로우며 주위 사람들을 피곤하게 만든다. 가정운은 나쁘지 않지만 건강에는 주의해야 한다.

화성(火姓)을 기준으로 본 이름

화목목(火木木. 吉)

머리가 좋고 열정이 있으며 애정운이 매우 좋아 이성의 도움으로 성공할 가능성이 높다. 특히 어학에 능하며 글솜씨가 좋고 예술성이 강하다. 단, 신체적으로는 잔병치레를 많이 한다. 가정운도 좋고 성공할 가능성이 높은 이름이다.

화목화(火木人 .吉)

예의범절이 바르고 윗사람을 받들 줄 알기 때문에 다양한 인간관계를 통하여 큰 성공을 거둘 수 있다. 노력한 것 이상의 결실을 맺을 수 있고 가정에서도 따뜻한 일원이 되어 안팎으로 성공을 거둘 수 있는 이름이다.

화목토(火木土. 中)

화생목으로 윗사람의 도움은 받지만 목극토가 되어 아랫사람을 극하는 이름이기 때문에 리더가 될 자질은 있지만 지속하기는 어렵다. 애정운과 금전운은 나쁘지 않지만 인간관계에 좀 더 신경을 써야 좋다.

화목금(火木金. 凶)

목생화로 기를 빼앗기고 금극목으로 극을 당하기 때문에 힘이 없는 이름으로 인내력이 부족하고 무슨 일이건 제대로 마무리를 짓지 못한다. 애정운도 지속이 되지 않아 가정이 화목하기 어렵고 자녀의 효를 받기 어렵다.

화목수(火木水. 吉)

뿌리에서 기운을 얻어 잎을 피우는 이름으로 기본적으로 힘이 넘치고 사람을 다루는 능력이 뛰어나다. 한 분야에서 성공을 거둘 수 있으며 명예와 금전을 모두 거머쥘 수 있다. 가정도 화목하게 이끌 수 있으며 자녀운도 좋다.

화화목(火火木. 吉)

목생화의 상생으로만 이루어져 있어 기본적으로 좋은 이름이며 목생화로 뿌리의 힘을 얻으면서 강한 불의 기운을 갖추어 자존심이 강하고 의리와 예의를 중시한다. 따라서 가정을 원만하게 이끌며 금전적으로도 풍요로운 생활을 보낼 수 있다.

화화화(火火火. 中)

전체가 화로 이루어져 있어 기가 매우 강하며 운세는 매우 좋거나 매우 나쁜 식으로 극단적인 성향을 보인다. 절제, 배려, 인내를 갖추면 한 조직의 리더가 되어 명예와 금전을 얻을 수 있지만 그렇지 않은 경우에는 신고가 끊이지 않는다.

화화토(火火土. 吉)

힘이 있는 화가 화생토로 뿌리에 물을 주는 격이기 때문에 아랫사람들을 활용하여 금전과 명예를 얻을 수 있는 이름이다. 선생님이나 지휘자의 입장에 서면 큰 빛을 발할 수 있는 이름이다. 기질적으로는 부드러운 리더십을 발휘하여 화목하게 이끌어 간다.

화화금(火火金. 凶)

자신의 기를 너무 내세워 주변 사람들을 억압하려 하기 때문에 인간관계가 부족하여 고독하고 외로운 인생을 보내게 된다. 처음에는 부드러운 사람이라는 인상을 주지만 시간이 흐를수록 강한 본성이 드러나 마지막에는 결국 외로운 사람으로 전락한다.

화화수(火火水. 凶)

기가 강한 나무가 도끼질을 당하는 격이기 때문에 자신의 고집과 주장 때문에 늘 손해를 보게 되는 이름이다. 따라서 신경쇠약, 스트레스 등에 시달릴 수 있는데 이유는 모두 자신만을 내세우는 성격 때문이다. 가정도 화목하기 어렵다.

화토목(火土木. 凶)

따뜻한 흙에 나무가 뿌리를 내리는 격으로 꽃을 피울 수 있는 여유가 부족하다. 배려와 인내는 뛰어나지만 이익과 관련된 부분에 취약해서 금전적으로 고통을 받으며 사람의 배신에 의해 명예가 실추될 가능성이 높다.

화토화(火土火. 大吉)

땅에 온기가 가득한 격으로 주변 사람들의 도움과 인정을 받아 일찍 성공을 거둘 수 있는 이름이다. 부모형제는 물론이고 이성, 친구 등으로부터 인정을 받아 운세가 강해질 뿐 아니라 가정에도 늘 웃음이 끊이지 않는 행복한 인생을 누릴 수 있다.

화토토(火土土. 吉)

화생토로 도움을 받는 상생의 이름이지만 따뜻한 기를 또 하나의 토와 나누어 가지는 격이기 때문에 매우 좋다고 할 수는 없고 보통 이상의 인생을 누릴 수 있다. 노력한 만큼의 결실은 거둘 수 있기 때문에 안정적인 생활은 보낼 수 있다.

화토금(火土金. 吉)

이른바 내리사랑에 해당하는 격으로 예의가 바르고 절도가 있어서 윗사람의 도움으로 일찌감치 안정을 찾을 수 있으며 주변 사람들에 대한 배려심도 충분해 주위에 늘 사람들이 따른다. 기본 이상의 행복한 삶을 누릴 수 있다.

화토수(火土水. 凶)

흙이 따뜻한 기운을 받기는 하지만 물기에 젖어 있기 때문에 그것이 김처럼 모락모락 피어오를 뿐 뜨거운 불길로 승화하기는 어렵다. 따라서 사람됨이 어둡고 음침하며 염세주의적인 사고방식에 젖기 쉽다. 운세 역시 늘 될 듯하면서 결실을 맺지 못하는 답답한 형국으로 흘러간다.

화금목(火金木. 大凶)

강한 쇠가 불에 녹아 나무조차 벨 수 없는 격으로 매사에 짜증과 불만을 드러내어 사람들을 지치게 만들고 일을 하더라도 시작은 좋지만 제대로 끝을 내는 경우가 없어서 신뢰도 잃는다. 금전은 수입보다 지출이 많다. 이기적이기 때문에 가정운도 나쁘다.

화금화(火金火. 大凶)

쇳덩이가 용광로 안에 있는 것과 같아 살아남기 위해 발버둥치지만 자신을 돋보일 능력이 없다. 따라서 늘 신세한탄만 되풀이하게 되고 사람됨이 비굴해서 시간이 흐를수록 인생이 고달파진다. 특히 건강에 주의해야 한다.

화금토(火金土. 凶)

성격이 불 같고 고집이 강하여 무슨 일을 하건 적을 만들기 쉽기 때문에 성공이 느리다. 또, 가정에서도 자신의 주장을 너무 내세워 불협화음이 자주 발생한다. 상대방을 배려하고 이해하는 마음을 갖추지 않으면 파란만장한 인생을 보내게 된다.

화금금(火金金. 凶)

뜨겁게 달아오른 쇳덩이와 같아서 모든 일에 정열적이고 적극적인 성격으로 진취성은 있지만 사람을 무시하는 경향이 있고 자신을 내세우기 좋아하여 안정을 얻기는 쉽지 않다. 가정운도 좋지 않으며 금전운은 들쭉날쭉하여 항상 불안하다.

화금수(火金水. 大凶)

신경이 날카로워 쉽게 스트레스를 받고 사람을 믿지 못하여 운이 열리기 어렵다. 재주도 있고 아이디어도 풍부하지만 그것을 지속해서 결과물을 얻어 내는 인내심이 부족하기 때문에 성공을 바라기는 어렵다. 부부 사이에도 믿음의 문제로 다툼이 잦다.

화수목(火水木. 凶)

지혜가 뛰어나고 성품도 부드럽지만 지나치게 소극적이다. 부모덕이 부족하고 부부 사이에도 사랑이 깊어지기 어렵다. 단, 사교적인 성격을 바탕으로 주변 사람들의 도움을 받아 작은 성공을 거두기는 하지만 지속적인 발전을 이루기는 어렵다.

화수화(火水火. 大凶)

다른 사람에게 지기 싫어하고 모든 일에 자신을 내세우기 좋아하며 배려와 인내심이 부족해서 가는 곳마다 다툼을 일으키고 매사에 신경질적이다. 따라서 주거와 직업이 불안정하고 가정을 꾸려도 고성과 다툼이 끊이지 않는다. 능력은 없는데 바라는 것은 많아 항상 불만에 차 있고 주변 사람을 피곤하게 만든다.

화수토(火水土. 凶)

강한 인내력과 뛰어난 감각을 바탕으로 인정을 받기는 하지만 끈기가 없고 중간에 포기하는 경우가 많기 때문에 안정적인 직업을 얻기는 어렵다. 인간관계에서도 처음에는 사람을 잘 사귀지만 얼마 지나지 않아 변덕이 많은 성격이 드러나 신뢰를 얻지 못하기 때문에 믿고 의지할 수 있는 사람을 만들기는 어렵다.

화수금(火水金. 凶)

머리가 좋고 자신감도 넘쳐서 믿음직해 보이지만 모든 일에 불평불만이 많고 끈기가 부족해서 직업이 자주 바뀌며 가정도 안정을 얻기 어렵다. 부부운은 양보보다는 강요가 더 강해서 따뜻한 애정이 오가기 어렵고 자녀운도 좋은 편은 아니다.

화수수(火水水. 大凶)

모든 면에서 자신을 드러내는 성격이 매우 강해서 주변에 사람이 모이기 어렵고 안하무인, 독불장군으로 행동하여 결혼을 하게 되면 이혼할 가능성이 높다. 당연히 자녀운도 좋지 않고 사회적으로는 인간관계 때문에 늘 고민에 빠져 지낸다. 작은 수입은 있어도 큰 성공을 거두기는 어렵다.

토성(土姓)을 기준으로 본 이름

토목목(土木木. 凶)

끈기와 인내가 잘 갖추어진 노력형으로 꾸준히 자신의 능력을 쌓아가지만 노력한 만큼의 결실을 거두기는 어렵고 호기심이 많아 이런저런 대상을 기웃거리기 때문에 안정적인 직장을 얻기도 어렵다. 따라서 금전적, 가정적으로 늘 불안한 생활을 하게 된다.

토목화(土木火. 中)

윗사람에게 반항하는 기질이 강한 반면에 아랫사람에게는 인기가 있기 때문에 리더로는 어울리지 않는다. 초년에는 많이 고생하지만 초년만 잘 버티면 중년 이후부터는 인간관계를 통하여 성공을 거둘 수 있다. 가정을 매우 중시하는 성격으로 화목하고 따뜻한 가정을 꾸릴 수 있다.

토목토(土木土. 凶)

남에게 지는 것을 극단적으로 싫어해서 모든 면에서 이기려고만 하는 성격이지만 실질적으로는 뛰어난 능력을 갖춘 것도 아니기 때문에 사람들에게 인기를 얻기 어렵다. 또한, 끈기가 부족해서 뚜렷한 직업을 가지기 어려워 이런저런 일을 전전하면서 작은 수입으로 생활을 유지해야 한다. 끈기와 노력을 갖추어야 작은 성공이라도 이룰 수 있다.

토목금(土木金. 大凶)

이름 전체가 상극으로만 이루어져 있어서 초년의 부모운, 중년의 부부운, 말년의 자녀운을 모두 기대하기 어렵다. 본인은 윗사람에게 반항하는 성격이고 아랫사람들은 본인에게 반항하기 때문에 신뢰를 형성하기 어렵고 그 때문에 성공도 어렵다. 가정운 역시 서로 반목하는 상황이 벌어서 행복을 유지하기 어렵다.

토목수(土木水. 中)

부모덕이 부족해서 초년에는 고생하지만 꾸준한 노력과 끈기를 바탕으로 중년 이후에는 작은 성공을 거머쥘 수 있다. 직업도 처음에는 이런저런 일을 전전하지만 중년 이후에는 안정된 직업을 통하여 어느 정도 명예와 금전을 얻을 수 있다. 가정운은 일반적이고 자녀운은 나쁜 편이 아니다.

토화목(土火木. 吉)

이름이 모두 상생으로 이루어져 있어서 조화를 잘 이루고 있으며 머리가 좋고 사교적이기 때문에 일찌감치 성공을 거두게 된다. 인간관계에서는 매우 인기가 좋으며 양보심과 배려심을 바탕으로 금전과 관련이 없는 인간적 매력을 바탕으로 사람들의 존경을 받는다. 가정에서도 화목하고 행복한 분위기를 만들어 낸다.

토화화(土火火. 吉)

윗사람을 배려할 줄 알기 때문에 예의가 바르고 신중하며 머리도 좋아서 한 가지 분야에서 명예를 얻을 수 있다. 인간관계는 신뢰를 바탕으로 시간이 흐를수록 그 깊이가 더해지기 때문에 노력한 것 이상의 많은 결실을 거둘 수 있다. 가정운은 나쁘지 않지만 건강이 약한 편이기 때문에 건강에만 조금 신경을 쓰면 된다.

토화토(土火土. 吉)

다른 사람을 배려할 줄 알고 나누어 가질 줄 아는 성품이어서 주변에서 인정을 받고 존경을 받는 사람으로 성장하며 그 덕분에 일찍 성공을 거둔다. 처음에는 힘이 들어도 나중에는 노력한 것 이상의 큰 결실을 거둘 수 있고 부부운, 가정운도 원만하다. 가장 좋은 직업은 교육계이며 따뜻한 부모 같은 사람이다.

토화금(土火金. 凶)

배려와 이해를 갖춘 것 같지만 자신이 베푼 만큼 반드시 받으려 하는 성격이기 때문에 주변에 사람은 많아도 내 사람이 없어서 고독하고 외롭다. 직업과 환경도 자주 바뀌어 안정을 찾기 어렵지만 그런대로 생활은 유지해 나간다. 성격을 바꾸지 않으면 큰 그릇이 되기는 어렵다.

토화수(土火水. 凶)

좋은 사람처럼 보이기 위해 열심히 노력하지만 주변 환경이 힘들게 만들기 때문에 자신을 돌아보는 것조차 힘이 들어 늘 짜증과 불만이 쌓여 있다. 금전적으로는 노력한 만큼 수입을 얻기는 하지만 그것이 유지되지 못하고 오히려 빚이 증가하는 경우가 많아 힘이 든다. 가정운은 자신의 마음을 알아주는 사람이 없어 외롭다.

토토목(土土木. 凶)

지나칠 정도로 솔직하고 정직한 사람이지만 그런 만큼 융통성이 부족해서 인간관계에서 외톨이가 되기 쉽고 베푼 만큼 받기 어렵다. 또, 애정운도 상대방을 배려하기보다는 자신의 뜻을 내세우는 경향이 더 강하기 때문에 어느 정도 나이가 든 이후에 결혼해야 가정을 유지할 수 있다. 고집을 버리고 다른 사람을 먼저 배려하는 자세를 갖추어야 한다.

토토화(土土火. 吉)

따뜻하고 부드러운 성품을 갖추어 주변에 늘 사람들이 끊이지 않으며 한번 마음을 먹으면 결실을 거둘 때까지 꾸준히 노력하여 원하는 성공을 거둔다. 가정에서도 상대방을 배려하고 자녀를 보살피는 따뜻한 사람으로 화목하고 행복한 가정을 이끌 수 있다. 한 가지 분야에서 반드시 성공을 거둘 수 있다.

토토토(土土土. 吉)

뛰어난 머리와 넓은 마음을 갖추고 있어서 사람들의 도움을 바탕으로 자연스럽게 지위가 상승하게 되어 일찍 편안하고 안정된 생활을 얻을 수 있다. 모든 사람과 잘 동화하는 성격이기 때문에 가정도 행복하고 화목하게 이끌 수 있지만 성격이 너무 부드러워 우유부단한 사람이라는 평가를 받을 수도 있다.

토토금(土土金. 吉)

모든 면에서 적극적이고 개성이 강하며 수단도 좋아서 일찍 성공을 거둘 수 있고 금전적으로도 풍요로운 생활을 할 수 있다. 가정에서는 배우자를 배려하고 사랑하여 자연스럽게 자녀운도 좋아지고 어떤 일을 하건 인정을 받아 명예도 얻는다. 사람을 좋아하는 성격 때문에 이성문제를 일으키기 쉽지만 이 부분만 조심한다면 매우 좋은 운세다.

토토수(土土水. 凶)

자신의 주장만 내세우고 나쁜 사람의 선해는 무시하는 성향이 강해서 인간관계가 늘 삐걱거리고 다툼과 분쟁이 끊이지 않는다. 금전적으로도, 자신을 내세우기 위한 사치와 낭비 때문에 안정을 얻기 어렵고 가정에서는 배우자를 무시하여 이혼하게 될 가능성이 높다. 양보와 배려를 갖추어야 한다.

토금목(土金木. 中)

흔들리지 않는 뚜렷한 주관을 바탕으로 한 가지 일에 몰두하는 능력은 뛰어나지만 성격이 예민하고 매사에 부정적이기 때문에 행복한 인생을 보내기는 어렵다. 긍정적인 성격으로 바뀌면 상황은 전혀 달라질 수 있다. 가정에서도 자신의 잘못보다는 배우자의 잘못을 먼저 지적하기 때문에 다툼이 자주 발생하고 결국에는 이혼까지 갈 가능성도 높다.

토금화(土金火. 凶)

머리는 좋지만 그 머리를 사용하는 대상을 제대로 선택하지 못해 이른바 '잔머리'만 발달한 격으로 직업이 자주 바뀌고 환경 역시 안정을 얻기 어렵다. 가정에서는 의심이 많고 상대방을 구속하려 하기 때문에 상대방을 답답하게 하고 지치게 만든다. 자녀운도 좋은 편이 아니다.

토금토(土金土. 大吉)

주변 사람 모두가 도움을 주는 격으로, 부모의 도움으로 행복한 초년을 보내고 일찍 성공을 거두어 행복한 가정을 만들 수 있다. 인간관계에서도 늘 눈에 보이지 않는 리더로서 분위기를 리드하여 많은 사람이 따라 시간이 흐를수록 명예가 높아진다. 금전운은 자연스럽게 따라오기 때문에 행복한 인생을 보낼 수 있다.

토금금(土金金. 吉)

지혜와 인덕을 고루 갖추고 있기 때문에 기본적으로 성공을 거둘 수 있으며 따뜻하고 행복한 가정을 이룬다. 인간관계에서는 사람들을 상담해 주는 역할을 담당하게 되면서 자연스럽게 명예가 올라가 친구들 사이에서 맏이 같은 존재로 활동한다.

토금수(土金水. 吉)

강한 의지를 갖추고 있으며 모든 일에 자신감이 넘쳐서 한번 일을 시작하면 끝장을 보기 때문에 반드시 성공을 거둘 수 있다. 금전적으로도 풍요로운 생활을 하며 인간관계에서는 사람을 이해하고 보듬을 줄 아는 배려도 갖추고 있어서 썩 괜찮은 사람이라는 평가를 받는다. 가정에서도 따뜻한 아빠, 엄마로서 자녀를 행복하게 리드할 수 있다.

토수목(土水木. 中)

머리가 좋지만 소극적이고, 호기심은 많지만 끈기가 부족하다. 따라서 다양한 재능을 갖추고 있지만 특기는 없기 때문에 직업이 자주 바뀌고 안정을 얻기 어려워 생활이 불안하다. 인간관계에서도 처음에는 사람을 잘 사귀지만 조금만 시간이 흐르면 비판적으로 돌아서기 때문에 주변에 믿을 수 있는 사람도 부족하다. 가정운은 나쁘지 않지만 좀 더 상대방을 배려해야 행복한 가정을 만들 수 있다.

토수화(土水火. 大凶)

기본적으로 부모의 덕이 부족하기 때문에 초년에 좌절을 맛볼 가능성이 높고 끈기가 부족해서 모든 일을 중간에 포기하는 경우가 많으며 인간관계에서는 사람을 믿지 못하고 자신만을 내세워 다툼과 분쟁이 많다. 가정에서는 금전적인 문제와 배려 문제로 서로 등을 돌리는 상황이 발생하기 쉽다.

토수토(土水土. 大凶)

무슨 일을 하려 해도 장애물이 발생해서 하는 일마다 꼬이고 뒤틀려 결국에는 지쳐서 건강까지 해친다. 머리는 나쁘지 않지만 엉뚱한 대상에 시간을 소비하여 결실은 거의 얻지 못한다. 인간관계에서는 아무리 잘해도 좋은 말을 듣지 못하는데 이것 역시 상대방을 선택하는 안목이 부족하기 때문이다. 가정운도 좋은 편이 아니다.

토수금(土水金. 凶)

사람의 마음을 읽는 능력이 뛰어나 잘 다루는 편이지만 그것을 좋은 쪽으로 활용하지 못하여 비난을 받는 경우가 많다. 그 때문에 성공을 거두기 어렵고 매사에 불평불만이 많아 안정적인 직업을 가지기 어렵다. 가정에서도 배우자를 이해하기보다는 잘못된 부분을 먼저 따지고 지적하기 좋아해서 피곤한 사람이라는 평가를 받기 쉽다. 금전운도 나쁜 편이다.

토수수(土水水. 凶)

부드럽고 따뜻한 마음을 갖추고 있지만, 그것이 지나쳐서 너무 양보와 배려만 하기 때문에 본인은 늘 힘든 생활을 하게 된다. 봉사정신이 강해서 인간관계에서 늘 좋은 소리를 듣지만 금전적으로는 빈곤하다. 가정운은 이런 금전적 고통과 지나친 배려 때문에 배우자와 다툼이 끊이지 않으며 자녀도 힘들게 생활한다.

금성(金姓)을 기준으로 본 이름

금목목(金木木. 凶)

뿌리를 내린 나무가 바위를 만나 더 이상 자라지 못하는 격으로, 아무리 노력해도 어느 한계 이상을 넘지 못하기 때문에 결국에는 지쳐서 모든 것을 놓아 버리는 결과를 낳는다. 가정에서도 본인은 최대한 노력한다고 생각하지만 결과적으로 돌아오는 것이 없어서 고독한 생활을 벗어나기 어렵다. 장애가 많은 이름이다.

금목화(金木火. 凶)

이른바 주고도 받지 못하는 이름으로 자신은 최선을 다해 사람들에게 잘하지만 그만큼의 대가를 받기 어렵다. 감정이 풍부하고 예민한 성격이지만 왠지 모르게 사람들을 대하면 좋은 인상을 주지 못해 결과는 나쁘게 돌아온다. 중년이 지나야 어느 정도 안정을 찾을 수 있다.

금목토(金木土. 大凶)

사방팔방이 적으로 둘러싸여 있는 식으로 인간관계에서 번민과 고통이 끊이지 않는다. 본인에게 특별한 문제가 있는 것은 아니지만 작은 실수 하나가 그동안의 모든 노력과 배려를 물거품으로 만들 정도로, 묘하게 인간관계가 풀리지 않는다. 가정에서도 배우자에게 최선을 다하려 노력하지만 이혼을 면하기 어렵다. 기본적으로 매우 나쁜 이름이다.

금목금(金木金. 大凶)

정도 많고 머리도 어느 정도 갖추고 있지만, 그 정이 불륜으로 흐르고 좋은 머리는 범법으로 흐르기 때문에 결과적으로는 나쁜 사람이라는 인상을 심어 주게 된다. 또, 하는 일마나 생애가 빌생하어 아무디 노덕을 기울어도 펑빔한 생횔조차 어렵다. 명예는 물론이고 금전적, 애정적으로도 고통이 따른다.

금목수(金木水. 凶)

물이 충분히 있는 토지에 자란 나무가 철망을 만나 더 이상 뻗지 못하는 격으로, 능력은 충분히 갖추고 있지만, 그 능력을 표현하고 연출해 내지 못하기 때문에 능력만큼의 평가받지 못한다. 가정에서도 진심을 전하지 못해서 오해가 자주 발생하고, 사회적으로는 같은 능력을 갖춘 사람보다 훨씬 적은 수입을 올리게 된다.

금화목(金火木. 中)

사람을 좋아하고 사랑하는 성격이지만 남에게 지기 싫어하고 고집이 강해서 인간관계가 늘 복잡하게 돌아가기 때문에 주변에 사람은 많아도 신뢰할 만한 사람은 없다. 직업도 자주 바뀌며 중년이 지나야 안정을 얻을 수 있다. 결혼은 늦게 해야 행복한 가정을 꾸릴 수 있다.

금화화(金火火. 大凶)

어떤 경우에도 자신의 주장을 굽히지 않고 상대방을 무시하기 때문에 주변에 사람이 없고 가는 곳마다 분쟁을 일으킨다. 일을 하더라도 논리성이 부족해서 순간적인 판단으로 처리하기 때문에 실수가 많지만 본인은 그 실수를 인정하지 않아 안정된 직업을 얻기는 어렵다. 모든 것은 지나치게 극단적이고 자기중심적인 사고방식 때문이다.

금화토(金火土. 凶)

배려심은 어느 정도 갖추고 있지만 반항심도 매우 강해서 인간관계가 매우 복잡하며 상황을 판단하는 냉정함이 부족해서 그릇된 판단을 내리는 경우가 많다. 직업이나 배우자 선택에서 이런 실수가 발생하면 극단적인 상황이 연출될 수 있기 때문에 조심해야 한다.

금화금(金火金. 大凶)

어떤 경우에도 자신의 뜻을 굽히지 않고 관철하려 하기 때문에 늘 다툼이 끊이지 않으며 자신의 능력보다 더 강한 것처럼 행동하여 결과적으로는 손해만 보게 된다. 우선, 자신의 그릇을 이해해야 상대방과의 관계도 발전적으로 이끌 수 있다. 가정에서도 이런 문제 때문에 부부 사이에 다툼이 자주 발생하고 자녀는 그 때문에 힘들게 된다.

금화수(金火水. 大凶)

눈에는 눈, 이에는 이라는 식으로 모든 인간관계를 끌어가기 때문에 정이 없고 고집만 내세우는 사람으로 비치기 쉬워 주변의 도움을 받기 어렵다. 따라서 발전이 늦고 오해를 많이 받는다. 무조건 주기만 하는 것도 행복이라는 사실을 깨달을 수 있어야 성공을 거머쥐게 된다. 가정에서도 마찬가지다.

금토목(金土木. 凶)

자존심이 강하고 남에게 지기 싫어하는 성격으로 능력 이상의 일에 뛰어들어 실패를 맛볼 가능성이 높고 인간관계에서도 이해나 화해보다는 다툼과 분쟁이 더 많아 실질적으로는 늘 손해만 본다. 열심히 노력은 하지만 실속이 없고 가정도 화목하기 어렵다.

금토화(金土火. 吉)

머리가 좋고 재주가 뛰어나 사람들에게 인정을 받으며 인간관계에서도 이해심과 배려를 바탕으로 성공의 발판을 마련한다. 배우자 운도 좋아서 가정이 화목을 유지할 수 있고 특히 자녀의 덕을 볼 수 있다. 안정적인 인생을 보낼 수 있는 이름이다.

금토토(金土土. 吉)

정이 많고 정의감이 강해서 주변에 사람들이 끊이지 않으며 인덕과 지혜를 바탕으로 끊임없이 노력을 기울여 반드시 성공한다. 인간관계에서는 리더가 될 가능성이 매우 높고 상대방을 배려하는 마음이 가정의 화목을 이끌어 낸다. 사회적,

가정적으로 모두 안정된 생활을 보낸다.

금토금(金土金. 吉)

다른 사람의 아픔을 자신의 아픔처럼 생각하고 이해하기 때문에 존경을 받으며 일찍부터 성공의 발판을 다질 수 있다. 가정에서도 배우자를 먼저 배려하고 생각하기 때문에 웃음이 끊이지 않고 자녀 역시 모범생으로 자랄 가능성이 높다. 욕심이 부족하다는 것이 흠이지만 먹고살 걱정은 하지 않아도 되는 이름이다.

금토수(金土水. 凶)

겉으로는 사람이 좋아 보이지만 실질적으로는 이기적이고 자기밖에 모르는 사람이기 때문에 시간이 흐를수록 주변 사람들로부터 소외당하는 결과를 낳는다. 그로 인해 신경이 예민해져서 운세까지 불길하게 흐른다. 자신보다는 다른 사람을 먼저 배려하는 자세를 갖추지 않으면 고독한 일생을 보내게 된다.

금금목(金金木. 凶)

가는 곳마다 다툼과 분쟁을 일으키고 자신의 주장만 내세우기 때문에 시비와 구설이 끊이지 않으며 모든 책임을 상대방

에게 돌리려 하기 때문에 독불장군이라는 이미지를 심어 주기
쉽다. 폭력성도 강해서 툭 하면 싸움을 일으키는 성격으로 가
정에서는 도움이 되는 존재가 아니라 골칫거리가 되기 쉽다.

금금화(金金火. 凶)

무슨 일이건 시작하면 반드시 후회하는 식으로 생각 없이
독선적으로 일을 추진하다가 손해보는 일이 많다. 특히, 이기
적인 면이 매우 강하고 덕이 부족하여 인간관계를 원만하게
유지하지 못한다. 가정에서도 자신의 의견만 내세워 가족을
힘들게 한다. 결국, 고독한 인생을 보내게 될 이름이다.

금금토(金金土. 吉)

강인하고 의리 있는 성격에 정의감을 갖추고 있어서 아랫
사람들이 잘 따르며 그 덕분에 자연스럽게 성공을 거머쥐게
된다. 기본적으로 인덕을 갖추고 있고 인간관계에서의 처세
가 원만하여 주변에는 사람이 끊이지 않고 금전운도 상승한
다. 가정에서는 믿음직한 존재로 가족의 버팀목이 될 수 있어
서 행복한 인생을 보내게 된다.

금금금(金金金. 大凶)

모든 면에서 자기밖에 모르고 다른 사람의 생각에는 전혀

관심이 없다. 게다가 생각이 고루하고 진부해서 대화가 통하지 않는 사람이라는 인식을 심어 주게 되어 사람들이 떨어져 나가고 폭력적인 성향도 강해서 몸이 편할 날이 없다. 가정에서는 자신의 잘못은 생각하지 않고 남 탓만 하기 때문에 가족을 피곤하게 만든다.

금금수(金金水. 吉)

강인한 의지력과 용기가 있다. 믿음직한 인물이면서 배려와 이해심도 있어 많은 사람의 존경을 받는다. 항상 정의로운 모델로 인식되어 올바른 인생을 구축하며 가정에서도 가족이 의지할 수 있는 든든한 가장 역할을 한다. 자신의 주장을 조금만 양보할 줄 알면 행복한 인생을 보낼 수 있다.

금수목(金水木. 吉)

행복한 삶에 관한 기본적인 인식이 잘 정립되어 있기 때문에 인간관계가 원만하고 부드럽다. 또, 분위기를 즐겁게 연출해 낼 수 있는 자질이 있기 때문에 많은 사람이 찾는다. 가정에서도 행복한 분위기를 연출하는 능력이 띠어니 가족이 행복한 삶을 보낼 수 있다. 금전과 명예를 모두 얻을 수 있는 좋은 이름이다.

금수화(金水火. 凶)

윗사람과 아랫사람에 관한 위계질서를 매우 중시하는 올바른 사고방식을 갖추고 있다. 그러나 도가 지나쳐 아랫사람을 억압하는 쪽으로 흐르게 되면 사람들이 따르지 않아 고독해진다. 초년에는 윗사람의 도움으로 기초를 닦을 수 있지만, 중년에 이르면서부터 독선적인 사람이라는 평가 때문에 손해를 보게 된다. 너그러운 덕을 갖출 수 있도록 노력해야 한다.

금수토(金水土. 凶)

사람들과 융화하기 위해 열심히 노력하지만 다른 사람의 눈에는 고집불통에 이기적인 사람으로 비치기 쉽다. 그 이유는, 자신의 잘못은 덮어 두고 다른 사람의 잘못만 지적하는 태도 때문이다. 겉으로는 그럴 듯해 보이지만 실속은 없어서 허세, 허풍이 능한 사람이라는 오해를 받을 수 있다. 가정에서는 불안한 사람이라는 인식 때문에 배우자와 좋은 관계를 유지하기 어렵다.

금수금(金水金. 大吉)

지혜가 뛰어나고 처세도 훌륭한데 인덕까지 겸비하고 있어서 윗사람, 아랫사람이 모두 본인을 중심으로 모여든다. 일찍부터 성공의 발판을 마련하여 중년에는 이미 안정된 삶을 누릴 수 있는 상황을 맞이하며 결혼운과 자녀운도 좋아서 어디를 가나 본인을 밀어주고 믿어주는 사람이 생겨 평생 즐거운 인생을 보낼 수 있다.

금수수(金水水. 吉)

기본적으로 운세가 좋은데 도움을 주는 사람들까지 주변에 모여들어 그 운세가 더욱 강해진다. 다른 사람과 함께 일을 하면 반드시 이익을 얻게 되고, 모임이나 동호회에 가입하면 어렵지 않게 인기를 얻는다. 가정에서도 좋은 배우자를 만나 듬뿍 사랑을 받으며 행복하게 살아갈 수 있다.

수성(水姓)을 기준으로 본 이름

수목목(水木木. 吉)

주관이 뚜렷하고 목표 설정이 능숙하여 꾸준한 노력으로 한 분야에서 성공을 이끌어 낸다. 두뇌 회전이 빨라 지식이 풍부하며 그 지식을 활용하여 기반을 다질 수 있다. 인간관계에서도 옳고 그름이 분명한 사람이라는 인식을 바탕으로 운세를 확대해 나간다. 가정운도 좋아서 마음이 맞는 배우자를 만나 행복한 가정을 이룬다.

수목화(水木火. 吉)

아무것도 없는 상황에서 새로운 결과를 만들어 내는 창조

력과 생산력이 뛰어나 주변에 도움을 주려는 사람이 많고 성
공을 거머쥘 가능성도 매우 높다. 인간관계에서는 중개자 역
할을 하여 늘 사람들의 중심에 서고 가정에서는 믿음직한 배
우자로 화목한 분위기를 이끌어 낸다.

수목토(水木土. 中)

능력은 우수하지만 자신보다 능력이 부족한 사람을 무시하
는 경향이 강하다. 그 때문에 인간관계에서 오해를 받아 손실
로 이어지는 경우가 많다. 본디 사람됨은 그렇지 않지만 품위
를 중시하는 탓에 오해를 받는 것이니까 세상에는 다양한 사
람이 존재한다는 사실을 이해하는 태도가 중요하다.

수목금(水木金. 凶)

강한 고집과 자존심 때문에 인간관계에서 상처를 받는 일
이 자주 발생하고 독선적인 결론 때문에 손해를 볼 가능성이
높다. 가정에도 자신의 자존심만 내세워 배우자와 마찰이 잦
고 자녀도 힘들게 만든다. 금전적으로는 노력한 만큼의 성과
를 올릴 수 있지만 그 이상을 바라기는 어렵다.

수목수(水木水. 大吉)

기본적으로 두뇌와 체력을 갖추고 있어 능력이 있는 사람

인 데다 주변에서도 도움을 주는 사람이 많아 일찍 성공의 발판을 마련하고 가정도 화목하게 이끌어 간다. 금전적으로는 풍요롭고 명예도 수반하여 이른바 부귀영달을 모두 거머쥘 수 있다. 조금만 더 양보하고 이해하는 마음을 갖추려고 노력한다면 행복한 인생을 보낼 수 있다.

수화목(水火木. 凶)

사람들과 어울리는 것을 좋아하는 성격이기 때문에 주변에 사람이 끊이지 않고 늘 즐거운 분위기를 만들어 나가지만 능력이 부족해서 자신의 행복 범위를 확장해 나가는 데에 한계가 있다. 가정에서도 가족에게 성실한 사람이 되기 위해 노력하지만 노력한 만큼의 성과를 얻기 어렵다.

수화화(水火火. 凶)

불 같은 성격에 감정을 자제하는 능력이 부족해서 마음에도 없는 말을 하여 말 때문에 손실을 볼 가능성이 높다. 조금이라도 마음에 들지 않는 말을 들으면 무시당한다고 오해하여 그것을 다툼으로 끌고 가기 때문에 사람들이 기피하려 한다. 가정에서도 인정받으려고만 하기 때문에 자주 마찰이 발생하고 자녀를 힘들게 한다.

수화토(水火土. 凶)

너그러운 마음에 배려심도 많지만 본인이 베푸는 것만큼 남에게 받기는 어렵다. 그 때문에 고민에 빠지고 그것이 신경쇠약 등의 질병과 연결되어 늘 피곤하고 지친 모습으로 살기 쉽다. 가정에서도 아무리 상대방을 배려해도 늘 부족한 사람이라는 평가를 받고 금전적으로는 충분한 여유를 갖추기는 어렵다.

수화금(水火金. 凶)

섬세한 신경과 논리성을 갖춘 만큼 다른 사람에게 바라는 것도 많아서 늘 손해보는 듯한 자격지심에 사로잡히기 쉽다. 심리적으로는 매우 강한 사람이지만 왠지 약해 보이는 모습 때문에 인간관계에서 무시당하는 경우가 많고, 그 때문에 다툼과 구설이 자주 발생한다. 가정에서도 본인의 마음을 이해해 주는 사람이 없어 고독하게 지낸다.

수화수(水火水. 大凶)

뜨거운 불길이 물속에 잠겨 있는 격이기 때문에 빛을 내기는 해도 온도가 없다. 따라서 의미 없는 언행을 하여 손해보고 무시당하는 등 끊임없이 구설과 다툼이 이어져 결국에는 삶에 싫증을 느끼는 상황에까지 이른다. 가정도 화목하게 이끌기 어렵고 이혼을 경험하는 상황도 발생할 가능성이 높다.

수토목(水土木. 大凶)

상상력이 풍부하고 아이디어도 좋지만 사람들과 어울리기만 하면 묘하게 이용을 당하게 되어 시간이 흐를수록 사람을 싫어하게 된다. 그 때문에 사회적으로 성공할 가능성은 점점 낮아진다. 가정에서도 이유 없이 배우자의 원망을 듣는 등 본인의 마음과는 달리 나쁜 사람이라는 인상을 주게 되어 불행한 인생을 보내게 된다.

수토화(水土火. 凶)

사람들은 본인을 인정해 주고, 아랫사람인 경우에는 많이 따르기도 하지만 정작 본인은 불평불만이 가득해서 사람들을 미워하여 운세를 나쁘게 만든다. 다른 사람의 결점만큼 자신에게도 결점이 있다는 부분을 인정하고, 이해와 배려하는 마음을 갖추어야 배우자와의 관계도 행복하게 이끌어 갈 수 있다.

수토토(水土土. 凶)

적당히 물기를 머금은 흙이기 때문에 객관적이고 논리적인 사고를 갖추고 있지만, 그런 사고를 모든 사람에게 적용하려 하기 때문에 언쟁의 씨앗을 만들고 지나치게 딱딱한 사람이라는 인상을 주기 쉽다. 인간이 사는 세상은 이런 일도 있고 저런 일도 있을 수 있다는 사실을 이해하고 너무 논리를 내세우는 언행은 삼가는 것이 도움이 된다.

수토금(水土金. 凶)

다른 사람이 조언이나 충고를 해주면 본인을 무시하는 언행이라고 생각하여 생각도 하지 않고 즉시 반발을 하는 태도 때문에 인간관계를 어색하게 만든다. 또, 그것이 결국 운세를 나쁜 방향으로 몰아간다. 칭찬보다 충고에 더 익숙해지면 운세는 좋아질 수 있다. 가정에서도 배우자의 조언을 충고로 받아들일 줄 아는 자세를 갖추어야 행복해질 수 있다.

수토수(水土水. 大凶)

흙이 물에 완전히 잠겨서 드러나지 않는 격으로 아무리 노력해도 주변에 본인의 존재를 인식시키기는 어렵다. 그 때문에 스트레스가 쌓여 시간이 흐를수록 자신감을 잃게 되고 주민에 피해를 주는 사람이다는 인식만 상해신나. 본인을 느러내려 하기보다는 사람들이 먼저 다가올 수 있도록 마음을 전환하는 것이 도움된다.

수금목(水金木. 凶)

본인은 사람들을 이해하고 배려한다고 생각하지만 사람들은 무시를 당한다고 받아들여 항상 본인의 뜻과는 다른 결과를 낳기 때문에 성공이 늦어진다. 가정에서도 아무리 배우자를 사랑하고 아껴 주어도 배우자는 늘 불만을 드러낸다. 좀 더 솔직하고 진실한 마음으로 사람들을 대해야 따뜻한 사람이라는 이미지를 심어 줄 수 있다.

수금화(水金火. 凶)

쇳덩이가 뜨거운 불을 만나 녹아서 물로 바뀌어 물과 동화하는 격으로, 자신의 주관이나 뜻은 저버리고 사람들의 기분에 맞추어 행동하는 태도 때문에 줏대 없는 사람이라는 평가를 받게 되고 그것이 원인이 되어 신뢰를 얻지 못한다. 가정에서도 지나친 배려 때문에 부부관계가 나빠져 다툼이 끊이지 않는다.

수금토(水金土. 吉)

아랫사람은 따르고 윗사람은 인정해 주는, 성공운이 빨리 다가오는 이름으로 늘 사람들의 중심에 서서 중개자 역할을 담당한다. 큰 노력을 기울이지 않아도 사람들 덕분에 예상하지 못한 수익을 얻는 등 기본적으로 매우 좋은 운세를 갖추고 있다. 가정에서도 본인을 충분히 이해하고 따라 주는 배우자를 만나 행복한 인생을 보낼 수 있다.

수금금(水金金. 吉)

예의가 바르고 질서를 중시하는 이른바 모범생 타입으로 어디를 가나 인정을 받고 신뢰를 얻기 때문에 일찍 성공의 발판을 마련할 수 있다. 애정운도 좋아서 마음에 드는 배우자를 만나 서로 사랑을 나누며 행복한 가정을 이끌 수 있다. 본인의 고집만 조금 더 꺾을 수 있다면 보다 행복한 인생을 보낸다.

수금수(水金水. 吉)

사람을 이해하고 배려하는 마음이 있기 때문에 주변 사람들로부터 인정과 존경을 받아 일찍 성공을 거둘 가능성이 높다. 가정에서도 가족에 대한 배려가 빛을 발하여 시간이 흐를수록 행복한 가정을 만들게 되고 그것이 발판이 되어 사회적으로도 안정된 생활을 유지할 수 있다.

수수목(水水木 吉)

기본적으로 머리가 좋고 참을성도 강해서 꾸준한 노력을 통하여 성공을 거머쥘 수 있다. 직업과 가정이 일찍 안정을 얻어 행복한 인생을 구축할 수 있으며, 인간관계에서의 화합을 통하여 시간이 흐를수록 부와 안정을 얻을 수 있다. 자녀운도 좋아서 부모로서의 역할을 잘해 내고 보답도 충분히 받는다.

수수화(水水火. 凶)

머리는 좋지만 자신보다 부족한 사람을 무시하는 경향 때문에 인간관계에서 오해를 받아 운을 그르칠 가능성이 높다. 가정에서도 부모와의 인연이 부족하고 배우자와 자녀를 강압적으로 대하기 때문에 화목한 생활을 하기 어렵다.

수수토(水水土. 凶)

본인은 모든 일에 최선을 다한다고 생각하지만 노력한 만큼 실속이 없고 오히려 피해를 입거나 사기를 당할 가능성이 높다. 그 때문에 고독한 인생을 보내게 되고 예상하지 못한 재난이나 사고 때문에 심리적으로 안정을 얻기 어렵다. 가정에서는 배우자와 뜻이 맞지 않아 다툼이 끊이지 않고 자녀운도 나쁘다.

수수금(水水金. 吉)

맑은 물 위에 샘물이 자리 잡은 것과 같아 끊임없이 새로운 아이디어를 창출하고, 성공으로 향하는 문이 일찍 열린다. 또, 인간관계에서는 도움을 주는 사람들이 많아 금전적으로 풍요롭고 명예도 얻을 수 있다. 가정에서는 배우자와 뜻이 잘 맞아 행복한 인생을 보낼 수 있고, 자녀운도 좋아 말년에 즐거운 생활을 보낼 수 있다.

수수수(水水水. 凶)

자신감이 넘치고 자존심도 강해서 멋진 사람으로 보이지만 겪으면 겪을수록 독선적이고 자기밖에 모르는 이기적인 면이 드러나 인간관계가 지속되기 어렵다. 가정에서도 본인의 상황만 내세우고 배우자의 상황은 이해하려 하지 않기 때문에 서로의 마음속에 갈등만 쌓여 이혼까지 가게 될 가능성이 높다.

성명학(姓名學) 내 손으로 이름 짓기

펴낸날	초판 1쇄 2014년 9월 25일

지은이	이태룡
펴낸이	심만수
펴낸곳	(주)살림출판사
출판등록	1989년 11월 1일 제9-210호

주소	경기도 파주시 광인사길 30
전화	031-955-1350 팩스 031-624-1356
기획·편집	031-955-4671
홈페이지	http://www.sallimbooks.com
이메일	book@sallimbooks.com

ISBN	978-89-522-2945-8 04080

※ 값은 뒤표지에 있습니다.
※ 잘못 만들어진 책은 구입하신 서점에서 바꾸어 드립니다.

이 도서의 국립중앙도서관 출판시도서목록(CIP)은 서지정보유통지원시스템 홈페이지
(http://seoji.nl.go.kr)와 국가자료공동목록시스템(http://www.nl.go.kr/kolisnet)에서
이용하실 수 있습니다.(CIP제어번호: CIP2014027189)

책임편집	박종훈

026 미셸 푸코

eBook

양운덕(고려대 철학연구소 연구교수)

더 이상 우리에게 낯설지 않지만, 그렇다고 손쉽게 다가가기엔 부담스러운 푸코라는 철학자를 '권력'이라는 열쇠를 가지고 우리에게 열어 보여 주는 책. 권력은 어떻게 작용하는가에서 논의를 시작하여 관계망 속에서의 권력과 창조적·생산적·긍정적인 힘으로서의 권력을 이야기해 준다.

027 포스트모더니즘에 대한 성찰

eBook

신승환(가톨릭대 철학과 교수)

포스트모더니즘의 역사와 논의를 차분히 성찰하고, 더 나아가 서구의 근대를 수용하고 변용시킨 우리의 탈근대가 어떠한 맥락에서 이해되는지를 밝힌 책. 저자는 오늘날 포스트모더니즘으로 대변되는 탈근대적 문화와 철학운동은 보편주의와 중심주의, 전체주의와 이성 중심주의에 대한 거부이며, 지금은 이 유행성의 뿌리를 성찰해 볼 때라고 주장한다.

202 프로이트와 종교

eBook

권수영(연세대 기독상담센터 소장)

프로이트는 20세기를 대표할 만한 사상가이지만, 여전히 적지 않은 논란과 의심의 눈초리를 받고 있다. 게다가 신에 대한 믿음을 빼앗아버렸다며 종교인들은 프로이트를 용서하지 않을 기세이다. 기독교 신학자인 저자는 이 책을 통해 종교인들에게 프로이트가 여전히 유효하며, 그를 통하여 신앙이 더 건강해질 수 있다는 점을 보여 주려 한다.

427 시대의 지성 노암 촘스키

eBook

임기대(배재대 연구교수)

저자는 노암 촘스키를 평가함에 있어 언어학자와 진보 지식인 중 어느 한 쪽의 면모만을 따로 떼어 이야기하는 것은 불합리하다고 말한다. 이 책에서는 촘스키의 가장 핵심적인 언어이론과 그의 정치비평 중 주목할 만한 대목들이 함께 논의된다. 저자는 촘스키 이론과 사상의 본질에 다가가기 위한 이러한 시도가 나아가 서구 사상을 받아들이는 우리의 자세와도 연결된다고 믿고 있다.

024 이 땅에서 우리말로 철학하기

이기상(한국외대 철학과 교수)

우리말을 가지고 우리의 사유를 펼치고 있는 이기상 교수의 새로운 사유 제안서. 일상과 학문, 실천과 이론이 분리되어 있는 '궁핍의 시대'에 사는 우리에게 생활세계를 서양학문의 식민지화로부터 해방시키고, 서양이론의 중독으로부터 벗어나야 한다고 역설한다. 저자는 인간 중심에서 생명 중심으로의 변환과 관계론적인 세계관을 담고 있는 '사이 존재'를 제안한다.

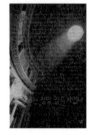

025 중세는 정말 암흑기였나 `eBook`

이경재(백석대 기독교철학과 교수)

중세에 대한 친절한 입문서. 신과 인간에 대한 중세인의 의식을 다루고 있는 이 책은 어떻게 중세가 암흑시대라는 일반적인 인식을 가지게 되었는지에 대한 물음을 추적한다. 중세는 비합리적인 세계인가, 중세인의 신앙과 이성은 어떠한 관계를 갖고 있는가 등에 대한 논의를 하고 있다.

065 중국적 사유의 원형 `eBook`

박정근(한국외대 철학과 교수)

중국 사상의 두 뿌리인 『주역』과 『중용』을 철학적 관점에서 접근한다. '산다는 것은 무엇인가?'라는 근원적 질문으로부터 자생한 큰 흐름이 유가와 도가인데, 이 두 사유의 흐름을 거슬러 올라가다 보면 그 둘이 하나로 합쳐지는 원류를 만나게 된다. 저자는 『주역』과 『중용』에 담겨 있는 지혜야말로 중국인의 사유세계를 지배하는 원류라고 말한다.

076 피에르 부르디외와 한국사회 `eBook`

홍성민(동아대 정치외교학과 교수)

부르디외의 삶과 저작들을 통해 그의 사상을 쉽게 소개해 주고 이를 통해 한국사회의 변화를 호소하는 책. 저자는 부르디외가 인간의 행동이 엄격한 합리성과 계산을 근거로 행해지기보다는 일정한 기억과 습관, 그리고 사회적 전통에 영향을 받는다는 사실로부터 시작한다는 점을 강조한다.

096 철학으로 보는 문화   eBook

신응철(숭실대 인문과학연구소 연구교수)

문화와 문화철학 연구에 관심 있는 사람을 위한 길라잡이로 구상된 책. 비교적 최근에 분과학문으로 등장하기 시작한 문화철학의 논의에 반드시 들어가야 할 요소를 선택하여 제시하고, 그 핵심 내용을 제공한다. 칸트, 카시러, 반 퍼슨, 에드워드 홀, 에드워드 사이드, 새무얼 헌팅턴, 수전 손택 등의 철학자들의 문화론이 소개된다.

097 장 폴 사르트르   eBook

변광배(프랑스인문학연구모임 '시지프' 대표)

'타자'는 현대 사상에 있어 가장 중요한 개념 중 하나이다. 근대가 '자아'에 주목했다면 현대, 즉 탈근대는 '자아'의 소멸 혹은 자아의 허구성을 발견함으로써 오히려 '타자'에 관심을 갖게 되었다. 그리고 타자이론의 중심에는 사르트르가 있다. 사르트르의 시선과 타자론을 중점적으로 소개한 책.

135 주역과 운명   eBook

심의용(숭실대 강사)

주역에 대한 해설을 통해 사람들의 우환과 근심, 삶과 운명에 대한 우리의 자세를 말해 주는 책. 저자는 난해한 철학적 분석이나 독해의 문제로 우리를 데리고 가는 것이 아니라 공자, 백이, 안연, 자로, 한신 등 중국의 여러 사상가들의 사례를 통해 우리네 삶을 반추하는 방식을 취한다.

450 희망이 된 인문학   eBook

김호연(한양대 기초·융합교육원 교수)

삶 속에서 배우는 앎이야말로 인간의 운명을 바꿀 수 있는 기회를 준다. 그래서 삶이 곧 앎이고, 앎이 곧 삶이 되는 공부를 하는 것이 무엇보다 중요하다. 저자는 인문학이야말로 앎과 삶이 결합된 공부를 도울 수 있고, 모든 이들이 이 공부를 할 수 있어야 한다고 믿는다. 특히 '관계와 소통'에 초점을 맞춘 인문학의 실용적 가치, '인문학교'를 통한 실제 실천사례가 눈길을 끈다.

eBook 표시가 되어있는 도서는 전자책으로 구매가 가능합니다.

(주)살림출판사
www.sallimbooks.com
주소 경기도 파주시 문발동 522-1 | 전화 031-955-1350 | 팩스 031-955-1355